日本の絶景
北陸

日本の絶景

おとな旅プレミアム

北陸
CONTENTS

雄大豪壮な日本海

東尋坊 …… 6
珠洲岬 …… 10
音海大断崖 …… 14
笹川流れ …… 16
ヤセの断崖 …… 18
千里浜なぎさドライブウェイ …… 22
雨晴海岸 …… 24
加佐の岬 …… 28
角田岬灯台 …… 30
水島 …… 34
能登島 …… 38
佐渡島 …… 40

四季を彩る花景色

水の公園 福島潟 …… 46
あさひ舟川「春の四重奏」…… 50
砺波チューリップ公園 …… 54
西山公園 …… 56
乾側(丁)地区のシバザクラ …… 60
松ヶ峯の桜 …… 62
津南ひまわり広場 …… 64
越前海岸 …… 66
黒部川堤防桜堤 …… 70

絵画のような渓谷・峡谷

黒部峡谷 …… 74
神通峡 …… 78
苗名滝 …… 80
清津峡 …… 82
鶴仙渓 …… 86
庄川峡 …… 88
千巌渓 …… 92
足羽川渓谷 …… 94
立山黒部アルペンルート …… 98

幻想的な棚田・雲海

越前大野城 …… 104
枝折峠 …… 108
白米千枚田 …… 110
星峠の棚田 …… 112

美と趣の社寺・庭園

大本山 永平寺 …… 118
兼六園 …… 122
那谷寺 …… 126
平泉寺白山神社 …… 128

風景と調和する美しい橋

九頭竜湖 夢のかけはし …… 132
新湊大橋 …… 136
萬代橋 …… 138

集落・遺跡ノスタルジア

五箇山菅沼合掌造り集落 …… 144
一乗谷朝倉氏遺跡 …… 148
荻ノ島かやぶきの里 …… 152
真脇遺跡 …… 154

パノラマ景色を独り占め

三方五湖 レインボーライン山頂公園
 …… 158
散居村展望広場 …… 162
獅子吼高原(パーク獅子吼) …… 164
呉羽山公園 …… 166

COLUMN

延伸開業 新幹線で北陸旅へ …… 4
夜桜に染まる城跡 …… 72
姿を変えるブナ林の一年 …… 116
弥彦山の山頂で縁結び …… 130
美しい水辺の公園 …… 142
農村に残る伝統のはさ木 …… 156
夜空を彩る大花火 …… 168

絶景MAP …… 170
INDEX …… 174

本書のご利用にあたって

● 本書中のデータは2025年2月現在のものです。料金、営業時間、休館日、メニューや商品の内容などが、諸事情により変更される場合がありますので、事前にご確認ください。
●本書に紹介したショップ、レストランなどとの個人的なトラブルに関しましては、当社では一切の責任を負いかねますので、あらかじめご了承ください。
●営業時間、開館時間は実際に利用できる時間を示しています。ラストオーダー(LO)や最終入館の時間が決められている場合は別途表示してあります。
●営業時間等、変更する場合がありますので、ご利用の際は公式HPなどで事前にご確認ください。
●休館日に関しては、基本的に定休日のみを記載しており、特に記載のない場合でも年末年始、ゴールデンウィーク、夏季、旧盆、保安点検日などに休業することがあります。
●料金は消費税込みの料金を示していますが、変更する場合がありますのでご注意ください。また、入館料などについて特記のない場合は大人料金を示しています。
●宿泊料金に関しては、「1泊2食付」「1泊朝食付」「素泊まり」は特記のない場合1室2名で宿泊したときの1名分の料金です。曜日や季節によって異なることがありますので、ご注意ください。
●交通表記における所要時間、最寄り駅からの所要時間は目安としてご利用ください。
●駐車場は当該施設の専用駐車場の有無を表示しています。
●掲載写真は取材時のもので、料理、商品などのなかにはすでに取り扱っていない場合があります。
●掲載している資料および史料は、許可なく複製することを禁じます。

データの見方

アイコン	意味	アイコン	意味
☎	電話番号	✉	アクセス
所	所在地	P	駐車場
開	開館/開園/開門時間	客	宿泊施設の客室数
		in	チェックインの時間
営	営業時間	out	チェックアウトの時間
休	定休日		
料	料金		

地図のマーク

道の駅　　空港
飲食店　　港・旅客線ターミナル
温泉　　　バス停
スキー場　駐車場

COLUMN

旅の始まりは車窓から

延伸開業 新幹線で北陸旅へ

北陸新幹線の金沢-敦賀間が2024年3月に開業し、東京と敦賀駅（福井県）は3時間余りに。
路線の最大の特徴は「山岳車窓」。北陸旅の楽しみにプラスしたい山景色だ。

富山県内通過時の立山連峰は北陸新幹線沿線のなかでいちばんの山岳車窓

トンネルや防音壁通過後のナイスビュー
沿線各県の山岳風景を移動しながら堪能

　東京と敦賀を結ぶ北陸新幹線での旅の楽しみは通過する土地ならではの景観や季節ごとの彩り。最高時速は260㎞。通り過ぎていく車窓も山のダイナミックなたたずまいのほうが勝り、長野・新潟両県での山岳車窓と糸魚川駅付近で目の前に広がる日本海の光景に感激した後は、沿線一のハイライトが待っている。黒部宇奈月温泉駅までの間では飛騨山脈（北アルプス）の後立山連峰、富山へ向かう道中には白馬連峰や立山連峰が望め、新高岡駅まで立山連峰に見守られるように列車が走る。田園地帯を突き進み北陸新幹線は終点の敦賀駅へと進む。

JR越前たけふ駅東側の岩内山（いわうちやま）展望スポットから駅や市街地を望む

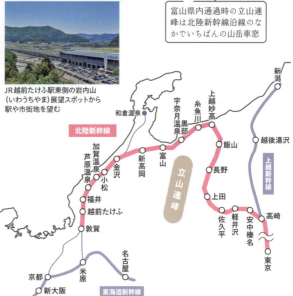

広い田園地帯の向こうにJR敦賀駅。延伸区間は透明防音壁で景色を堪能

4

雄大豪壮な日本海

能登半島を境に、東に富山湾、西に若狭湾。
北陸の海は暖流と寒流が交差する
日本の海の中心地だ。
豊かな四季の気候に恵まれた、
奇岩・怪岩が連なる景勝地へ。

福井県 MAP P.172 B-2

東尋坊
とうじんぼう

眼下に展開する大自然のドラマ
荒ぶる波が打ち寄せる

マグマからできた火山岩の一種、デイサイトの柱状節理によって形成された断崖。景観保護のため柵がないので、足元には細心の注意が必要だ

> 映画や小説の舞台にたびたび扱われる、言わずと知れた県内トップクラスの観光名所。
> 一生に一度は訪れたい、太古のロマンを感じる世界三大絶景の感触を全身で感じながら。

福井県内随一の観光地である東尋坊。その美しさと壮大さから、名作の舞台としても知られる。崖上の散策、日本海の眺望、海から特徴的な岩々を観賞するなど、さまざまな楽しみ方ができる。岩場を下りていくと台地状の波打ち際まで出ることもでき、崖の上から見るのとはまた違う美しい海辺の景色を楽しむことができる。東尋坊は約1300万年前のマグマが地中で冷え固まったものが隆起して、波泡の浸食を受けたことで形成されたもの。崖の上は足元が不安定なのでサンダルやヒールはNG。歩きやすい靴で出かけたい。

クルーズ船で新発見！
海からも東尋坊を楽しもう

東尋坊観光遊覧船（→P.9）は、崖下の入り江から出港して雄島へ向かい、旋回して絶壁を観賞する約30分のクルーズ。ベテランガイドによる案内が「笑える」「わかりやすい」と評判。乗り場は海の状況によって東尋坊か三国サンセットビーチのどちらかになるので、当日は看板やWebサイトを確認しよう。

1

2

3

4

1 階段を降りて船着き場に向かう／2 雄島の北側から西側に見られる板状節理／3 肉食恐竜の形に浮かび上がって見える恐竜岩。／4 腹ばいになったライオンの後ろ姿に見えるライオン岩

ACCESS
アクセス

福井駅
↓ えちぜん鉄道
三国芦原線で50分

三国駅
↓ 京福バス東尋坊線で9分

東尋坊バス停

東尋坊バス停から徒歩5分。JR芦原温泉駅から東尋坊バス停までは京福バスで40分。小松空港から約44km

INFORMATION
問い合わせ先

三国駅観光案内所 ☎0776-82-5515
東尋坊まちづくり株式会社 ☎0776-82-0181
東尋坊観光遊覧船 ☎0776-81-3808

DATA
観光データ

所 福井県坂井市三国町東尋坊　開 休 料
見学自由　P 周辺有料駐車場利用

BEST TIME TO VISIT
訪れたい季節

春夏秋冬いつでも楽しめるが、夏は特に晴れが多く、海が美しい日が多い。夕日を見るなら秋もおすすめ。冬の時期は天候が荒れる日が多いので、迫力ある日本海が見られるとはいえ風にあおられないよう注意が必要。海も荒れがちなのでクルーズ船が欠航する恐れもある。

TRAVEL PLAN

東尋坊を海から眺める観光遊覧船がおすすめ。周辺にはみやげ物店や食事処が軒を連ねる。少し足を延ばして温泉街の足湯で旅の疲れを癒やす。

東尋坊
とうじんぼう

高いところでは海面まで20m以上。思わず立ちすくむ

東尋坊観光遊覧船
とうじんぼうかんこうゆうらんせん

MAP P.8-①

そそり立つ奇岩の数々が眼前に迫り、大自然と海に抱かれる時を過ごせる。

☎0776-81-3808 交東尋坊バス停から徒歩5分 所福井県坂井市三国町安島 営9:00～16:00(11～3月は～15:30)※15～20分間隔で随時運航、海の状況により欠航あり 休水曜 P周辺駐車場利用

COURSE

10:00	三国駅
↓	バス9分+徒歩5分
10:30	東尋坊
↓	徒歩2分
11:00	東尋坊観光遊覧船
↓	バス7分+徒歩6分
12:00	雄島
↓	徒歩5分+バス25分
14:00	セントピアあわら
↓	徒歩3分
16:00	あわら湯のまち駅

東尋坊と雄島で神秘の奇岩観賞

夕暮れどきのクルーズはいっそうドラマチック

LUNCH
雄島を望む絶景レストラン
レストラン おおとく
レストラン おおとく

MAP P.8-④

地元の旬の食材を味わえる。写真は極味膳4950円

☎0776-82-7133 交安島バス停から徒歩3分 所福井県坂井市三国町安島24-83 営11:00～14:00 休水曜 Pあり

雄島の岸壁を見上げると巨大なハチの巣のよう

東尋坊から北西へ「神の島」を歩く

橋は全長224m。島の入口には大鳥居がある

雄島
おしま

MAP P.8-②

「神の島」と呼ばれる無人島で、橋を渡って上陸できる。島内には手つかずの自然が残っている。

☎0776-82-1555 交雄島バス停下車 所福井県坂井市三国町安島 時見学自由 Pあり

セントピアあわら
セントピアあわら

MAP P.8-③

「天の湯」と「地の湯」の2つのお湯があり、週ごとに男女が入れ替わる。寝湯や露天風呂など種類が豊富なのが魅力。

☎0776-78-4126 交あわら湯のまち駅から徒歩3分 所福井県あわら市温泉4-305 営10:00～23:00 休第3火曜 Pあり

心と体を癒やす 名湯あわら温泉

大浴槽やサウナでしっかりと体をほぐそう

雄大豪壮な日本海

美しい夕日が望めることでも知られる東尋坊。日没に合わせて訪れるのもおすすめ

石川県 MAP P.170 B-3

珠洲岬
すずみさき

能登半島先端の聖域
迫り出す展望台から望観

岬の先端には450年の歴史をもつ「よしが浦温泉 ランプの宿」(現在休業中)が建つ

雄大豪壮な日本海

行きたい時間
来光とサンセット
海から昇る朝日と沈む夕日を同じ場所で見られる日本でも数少ない場所のひとつ。「日本の灯台50選」に選定

> 東、北、西の三方に海が開け、海から昇る朝日と海へ沈む夕日が同じ場所から望める岬。断崖地形からなる雄壮な「外浦」地域と対照的に波穏やかな「内浦」地域が共存している。

能登半島の最先端、珠洲岬は禄剛崎、金剛崎、長手崎などの岬の総称で日本三大パワースポット(静岡県・富士山、長野県・分杭峠)のひとつ。神秘の地は「聖域の岬」として整備され、岬を一望する「空中展望台スカイバード」や、「青の洞窟」などがある。眼下には波に削られた鬼島や神島、能登二見、義経の舟隠などの岩礁美が随所に見られ豪快。能登半島の先端に立つ禄剛埼灯台のある場所からは晴れた日には立山連峰や佐渡ヶ島を見渡せ、春~秋には水平線から昇る朝日と沈む夕日を同じ場所で見られる。

明治時代に日本人の手で造られた灯台。通常は見学不可だが年に数回一般公開がある

激しい波の音が間近に聞こえてくる空中展望台スカイバード

姫島、能登双見など岩礁が点在する青の洞窟周辺は、磯釣りでも有名

ACCESS
アクセス

金沢駅
↓ 北鉄奥能登バス輪島特急線で2時間
穴水駅前バス停

穴水駅前バス停から空中展望台スカイバードまで車で1時間30分。能越自動車道・のと里山空港ICから約52km

INFORMATION
問い合わせ先

珠洲市観光交流課 ☎0768-82-7776

DATA
観光データ

所 石川県珠洲市三崎町寺家
開休料 見学自由 P あり

※令和6年能登半島地震の影響により、道路状況、営業状況が現状と異なる場合があります

BEST TIME TO VISIT
訪れたい季節

四季を通して訪れることができる。朝日と夕日が同じ場所で見られるのは春から秋。神々しい風景に出会いたい。また、能登地方は北陸のなかでも比較的雪の少ない地域で積もるのは数cm程度。11月下旬~2月下旬の厳寒期に波が白い泡となって海岸を覆い空中を舞う奥能登の冬を彩る風物詩、「波の花」も風情がある。

TRAVEL PLAN 🚗

空中展望台スカイバードから青の洞窟までは徒歩10分で到着。洞窟見学をしたあと、禄剛埼灯台へは車で8分ほど。駐車場からは400mほど歩いて上がる。

COURSE

- 10:00 金沢駅
  ↓ 車で約2時間45分
- 13:00 空中展望台スカイバード
  ↓ 徒歩1分
- 13:30 青の洞窟
  ↓ 車で8分
- 16:00 禄剛埼灯台
  ↓ 車で8分
- 16:30 のと里山空港IC

空中展望台スカイバード
くうちゅうてんぼうだいスカイバード
MAP P.12-①

よしが浦温泉 ランプの宿の敷地内にある海抜約25mの空中展望台。パワースポットで知られる能登最先端の岬の絶壁に建っている。
📞090-7087-8800（聖域の岬展望台売店）🚃JR金沢駅から珠洲特急バス鉢ヶ崎行きで2時間40分、バス停終点下車、車で15分 🏠石川県珠洲市三崎町寺家10-13 🕙10:00〜16:30（季節による）🚫無休 🅿あり

半島に9.5mも突き出た展望台

展望台はバリアフリーなので車いすでも安心

青の洞窟
あおのどうくつ
MAP P.12-②

約250万年前に活火山の山伏山の麓にできた溶岩洞窟。能登半島地震とともに長さ約30mの神秘的な渚が一瞬で誕生。
📞090-7087-8800（聖域の岬展望台売店）🚃JR金沢駅から珠洲特急バス鉢ヶ崎行きで2時間40分、終点下車、車で15分 🏠石川県珠洲市三崎町寺家10-13 🕙8:30〜16:30（夏期は延長）🚫無休 🅿あり

洞窟内は幻想的な青いランプでライトアップされている

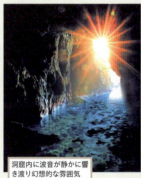

洞窟内に波音が静かに響き渡り幻想的な雰囲気

岩に掘られた仏像を見つけたい

体も心もコバルトブルーに染まる

禄剛埼灯台
ろっこうさきとうだい
MAP P.12-③

英国人技師の技術をもとに日本人だけで施工した灯台。明治16年(1883)に点灯し、能登半島で最も古い。
📞0768-82-7776（珠洲市観光交流課）🚃JR金沢駅から珠洲特急バス鉢ヶ崎行きで2時間40分、終点下車、車で15分 🏠石川県珠洲市狼煙町イ-51 🕙見学自由（内部は年に数回公開）🅿あり

高さは12m
円形の石造り
入口上部に全国唯一の「菊の御紋」がある

雄大豪壮な日本海

福井県 MAP P.172 A-4

音海大断崖
おとみだいだんがい

**260mを超える日本一の断崖
はるか下で波が砕ける佳景**

行きたい時間帯

晴れた昼間がベスト

澄んだ空とエメラルドグリーンの海が広がる昼間の景観は、音海大断崖の迫力と美しさを最大限に楽しめる

四季折々に壮大な景観が楽しめるが、冬の荒波が岩肌に打ちつける様子は圧巻。遊歩道は冬でも通行ができる

音海大断崖周辺は散策もおすすめ。岩肌に咲く植物や日本海を一望できる高台が点在する。歴史ある漁村の雰囲気も味わえるエリアで、自然の息吹を身近に感じられる。

「音海大断崖漁船クルーズ」では海上から音海大断崖を間近に感じることができる

福井県の名勝に指定されている音海大断崖は日本海沿いにそびえる高さ260mに及ぶ日本一の断崖。海食によって形成された海食崖で、その壮大な絶壁は東尋坊をもしのぐといわれている。音海半島の最北端に建つ白亜コンクリート造の小型灯台「押廻埼灯台（おしまわしさき）」までは遊歩道が整備されていて、桜やツツジ、スミレの花が道沿いを彩る。全貌を見るには海上から。約60分で巡る「音海大断崖漁船クルーズ」を利用するのがおすすめ。また、近隣には青葉山や歴史ある漁村が点在している。

ACCESS
アクセス

敦賀駅
↓ JR小浜線で1時間20分
小浜駅
↓ JR小浜線で26分
若狭高浜駅

若狭高浜駅から音海大断崖まで車で20分。舞鶴若狭自動車道・大飯高浜ICから約32km、小浜西ICから約21km

INFORMATION
問い合わせ先
高浜町産業振興課 ☎0770-72-7705

DATA
観光データ
所 福井県大飯郡高浜町音海(押回鼻～今戸鼻) 休料 見学自由(降雪時を除く) P 音海大波止駐車場利用

BEST TIME TO VISIT
訪れたい季節

音海大断崖は、冬の訪問がおすすめだ。澄んだ空気の中で日本海の荒波が岩肌に打ちつける様子は迫力満点で、独特の静けさと自然の力強さを感じられる。晴れた昼間にはエメラルドグリーンの海と断崖のコントラストが際立ち、感動的な景観を楽しむことができる。

周辺のスポット

青葉山
あおばやま

植物の北限と南限の境にある山

MAP P.15

標高693m、「若狭富士」とも呼ばれる秀峰。登山道が整備された山頂からは丹後・敦賀半島、越前岬が望める。
☎0770-72-0338(若狭高浜観光協会) 交 舞鶴若狭自動車道・大飯高浜ICから約16km 所 福井県高浜町青葉山 休料 見学自由 P なし

「若狭富士」とも呼ばれ高浜町のシンボル的存在

明鏡洞
めいきょうどう

自然のアーチ
日本海の造形美

MAP P.15

明鏡洞は日本海の波による浸食で形成された天然のアーチ状の洞窟。海上から眺める景観は格別で自然の神秘が感じ取れる。
☎0770-72-7705 交 JR若狭高浜駅から徒歩15分／舞鶴若狭自動車道・大飯高浜ICから約7.5km 所 福井県高浜町事代6-1-1 休 料 見学自由 P あり

波の浸食で生まれたアーチ状の岩が見どころ

雄大豪壮な日本海

新潟県 **MAP** P.171 F-1

笹川流れ
ささがわながれ

このうえもない透明度の碧海
どこまでも続く海岸美

行きたい時間帯

夕日を見るなら早めに

夕暮れどきの遊覧船は人気のため、席が埋まりやすい。観光シーズン中などは早めに乗り場に向かって待ちたい

美しい笹川流れの景観のなかでも代表的な「眼鏡岩」。ほかにも奇岩や怪岩、洞窟などの奇観が見られる

> 日本海の浸食で生まれた奇石や岩礁、洞窟が点在する岩の間を、盛り上がるように流れる潮流が変化に富んだ景色を生む。

村上市の浜新保(鳥越山)〜寒川(狐崎)に至る約11km区間の海岸線は、国指定の名勝および天然記念物。岩場に囲まれた波のない海面に雲が反射すると、「ウユニ塩湖」のような幻想的な風景が現れることもある。代表的な眼鏡岩をはじめ、びょうぶ岩、恐竜岩などいくつもの岩や洞窟が点在するなかを遊覧船に乗って自然がつくり出した美しい景色を巡るのがおすすめ。また、笹川流れの海水を使用して伝統的な製法でじっくり結晶化させる「笹川流れの塩」は高品質で、飲食店などでも使われている。

笹川流れ遊覧船で40分の船旅。途中でのカモメの餌付けが楽しみ。夕暮れクルーズもある

日本初の鮭の博物館

イヨボヤ会館
イヨボヤかいかん
MAP P.17

「イヨボヤ」は村上地方の方言で鮭のこと。館内では鮭の生態や、村上の鮭文化を知ることができるほか、さまざまな淡水魚などを観察できる施設。

☎0254-52-7117 交JR村上駅から車で5分
所新潟県村上市塩町13-34 営9:00〜16:30
休無休 Pあり

ACCESS
アクセス

新潟駅
↓ JR白新線・羽越本線で1時間15分
※新発田駅で連絡(乗り換えなし)

村上駅
↓ JR羽越本線で20分

桑川駅
桑川駅から笹川流れ遊覧船乗り場まで徒歩15分。日本海東北自動車道・村上瀬波温泉ICから約23km

INFORMATION
問い合わせ先

村上駅前観光案内所
☎0254-53-2258
笹川流れ遊覧船 ☎0254-79-2154

DATA
観光データ

所新潟県村上市寒川〜浜新保 休料見学自由(遊覧船1500円。冬季休業のほか、天候や海上の状況で欠航があるため要事前確認) Pあり

BEST TIME TO VISIT
訪れたい季節

7〜8月がおすすめ。海水浴や釣りをはじめキャンプなどのアクティビティが充実。また、天然のイワガキがおいしい季節。日本海の荒波にもまれて育ったイワガキは大きく弾力があり、磯の香りと濃厚さが特徴。提供する飲食店も多くなり、購入もできる。

雄大豪壮な日本海

太陽で海面が輝く朝

海が朝日で照らされる印象的なシーンに、映画やドラマの主人公になった気分でたたずんでみたい

雄大豪壮な日本海

海面からの高さが35〜55m、日本海にせり出すように切り立つ断崖。波と風によって浸食と風化を繰り返して形成された

> 断崖上に沿って設置された遊歩道は「義経の舟隠し」にもつながっている。断崖を降りた岩場は釣りの名所でもあり、ヤセの断崖が見える絶好のポイントにもなっている。

「先端に立って海面を見下ろすと身もやせる思いがする」「周辺の土地がやせていたこと」などがヤセの断崖の名前の由来とされる。芥川賞受賞作家でミステリーの巨匠と称される松本清張の小説を原作としたサスペンス映画『ゼロの焦点』の舞台で、主人公が最期に身を投じた場所として今も語り継がれている。断崖には遊歩道が整備されていて、そこに立つと能登金剛と呼ばれる複雑に入り組んだ海岸線や奇岩・奇勝の数々を見渡すことができる。以前は崖の間際まで行けたが、安全のため現在は手前まで。

長い年月をかけ岩盤が浸食されつくられた天然の洞窟「巌門」。ヤセの断崖からは車で15分

「能登金剛遊覧船巌門クルーズ」は浸食によって穴の空いた巌門を巡る20分のクルーズ

海岸沿いの世界一長いベンチ

サンセットヒルイン増穂
サンセットヒルインますほ
MAP P.20

全長460.9m。ギネスブックにも登録された世界一長いベンチ。夕日の名所で、日本海に沈む大きな夕日を独り占めできる。
☎0767-32-9341 交JR羽咋駅から北鉄バスで富来バス停下車、徒歩10分 所石川県羽咋郡志賀町富来領家町15 開休見学自由 Pあり

ACCESS
アクセス

金沢駅
↓ JR七尾線で1時間5分
羽咋駅
↓ 北鉄バス富来線で1時間10分
富来バス停

富来バス停からヤセの断崖方面行きの志賀町コミュニティバスは1日1〜2便のため、タクシーの利用が望ましい。所要約20分。のと里山海道・西山ICから約32km

INFORMATION
問い合わせ先

志賀町観光協会 ☎0767-42-0355

DATA
観光データ

所石川県志賀町笹波 開休見学自由 Pあり

BEST TIME TO VISIT
訪れたい季節

四季折々に魅力を持ちいつ訪れても新しい発見がある。断崖絶壁と季節ごとの日本海の表情を楽しみたい。夏は穏やかな凪(なぎ)の青い海の風景を楽しめ、秋は心地よい風を感じられる。厳寒の荒々しい日本海の様子は必見。厳しい冬を越えて訪れる春の海の清々しさは格別だ。

源義経が源頼朝から逃れる途中、48隻もの舟を隠したと伝わる入江「義経の舟隠し」

雄大豪壮な日本海

石川県 MAP P.170 A-4

千里浜なぎさドライブウェイ
ちりはまなぎさドライブウェイ

砂浜にできた波打ち際の車道
全長8kmを爽快に走る

行きたい時間帯

夜明け前が神秘的

朝日が水平線から昇り、徐々にオレンジ色に染まる海を真横に走る。夜明け前は人も少ないので独り占めの気分

> 大型バスや乗用車、バイクや自転車でも走れる貴重な砂浜。
> 波が漂ってくる気配と潮の香りを感じて走る至福の時間。

千里浜の砂は一粒一粒が約0.2mmという同じ大きさの細かい砂が水を含み堅く引き締まっているため、車の仕様が4WDでなくても安心して走れるという奇跡の場所。砂浜をドライブできるのは国内では唯一で世界でも3ヵ所。映画やテレビドラマ、CMなどのワンシーンとしても登場し海水浴シーズンは波打ち際すぐに車を停めて泳ぐという便利な使い方も。また、徒歩での散策や、レストハウスでレンタサイクルを借りて砂浜を自転車で走るというワクワクするような時間も楽しめる。

「能登千里浜レストハウス」で自転車をレンタル。地産地消のレストラン、浜焼きもある

ACCESS
アクセス

金沢駅
↓ 県道60・299号などで約34.5km
今浜IC

のと里山海道・今浜ICから千里浜なぎさドライブウェイ今浜口まで約1km／南羽咋駅から車で10分／能登方面からはのと里山海道・千里浜ICから千里浜なぎさドライブウェイ千里浜北口まで約1.5km。羽咋駅から徒歩25分

INFORMATION
問い合わせ先

石川県羽咋土木事務所
☎0767-22-1225

DATA
観光データ

所 石川県羽咋市千里浜町～宝達志水町今浜 休 通行自由 P なし

BEST TIME TO VISIT
訪れたい季節

最もおすすめは5月のさわやかな季節と、海水浴などの客足が落ち着いてくる秋。初夏や秋のすっきりとした風のなかを走る時間は至福の時。また、冬は通行止めの頻度が増えるが、キリリと澄んだ冷たい空気も心地よい。

周辺のスポット

氣多大社
けたたいしゃ

縁結び・開運・病気平癒
「氣」が多く集まる神社

MAP P.23

能登半島の付け根、日本海に面して鎮座。拝殿・神門は国の重要文化財。
☎0767-22-0602 交 JR羽咋駅から北鉄バスに乗り一の宮バス停下車、徒歩5分 所 石川県羽咋市寺家町ク1 開 8:30～16:30 休 無休 P あり

雄大豪壮な日本海

水平線の向こうに夕日が沈むまでのマジックアワーは車を停めて。海が黄金色に染まったら夕暮れと夜の間の境目を走りたい

富山県 MAP P.170 B-4

雨晴海岸
あまはらしかいがん

万葉の歌人が愛した海と山
立山連峰を対岸に見る

日の出がベスト

静かに朝日が昇り、刻一刻と変わる空の色と海面から湯気のように上がる霧に包まれる幻想的な世界が楽しめる

雄大豪壮な日本海

寒暖差が激しく陸上の冷たい空気が流れ込むことによって発生する気嵐。朝のほんのわずかな時間にだけ見られる自然現象はまさに幻の風景

> 四季折々、時間帯によってさまざまな表情を見せる富山の代表的景勝地。朝日を求めて早朝に訪れても、海水浴目当てに夏に訪れても楽しめる壮大な自然の風景が待っている。

白砂青松の続く富山湾の海岸から海越しに3000m級の立山連峰を望む景勝地。万葉の歌人を魅了し、奈良時代には大伴家持が幾度となく歌に詠んだほか、雨晴の名は源義経の一行が岩陰で雨宿りをしたことに由来するといわれ、伝説が息づく場所でもある。海越しに見える高山の風景は世界的にも珍しく、朝日に照らされる黄金色の日の出のときから寒い時期に見られる気嵐の現象、エメラルドグリーンの海が美しい夏の昼間、夕景と、時間ごと、四季ごとに見せる多様な自然美が訪れる人々を魅了し続ける。

> 海岸沿いを走るJR氷見線は撮影対象としても人気。雨晴駅から海岸までは徒歩3分

> 荒波の中そびえる女岩と勇壮な立山連峰の遠景の対比がつくり出す唯一無二の風景

ACCESS
アクセス

富山駅
↓ あいの風とやま鉄道で18分
高岡駅
↓ JR氷見線で19分
雨晴駅

雨晴駅から徒歩6分。能越自動車道・高岡北ICから約10km

INFORMATION
問い合わせ先

高岡市観光協会 ☎0776-20-1547

DATA
観光データ

所 富山県高岡市太田雨晴 開休料 見学自由 P あり(道の駅雨晴の駐車場利用)

BEST TIME TO VISIT
訪れたい季節

青空にすっきりとした山脈、女岩、海が引き立つのは空気が澄みわたる冬の時期。海面から水蒸気の霧が上がる気嵐が見られるのも10月下旬から冬にかけての朝。夏には透明度の高いエメラルドグリーンの海や白砂、松の木と頂上に雪を冠した立山連峰の組み合わせが美しい。

TRAVEL PLAN

雨晴海岸を訪れたあとは、道の駅や場外市場で地元の食材が手に入れる。また、珍しい海浜植物をじっくりと見られる植物園にも立ち寄りたい。

雨晴海岸
あまはらしかいがん

駅からのアクセスも良く市内から早朝タクシーも

COURSE

06:00	高岡北IC
↓	車で15分
06:15	雨晴海岸
↓	徒歩すぐ
07:00	道の駅 雨晴
↓	車で7分
09:30	氷見市海浜植物園
↓	車で8分
12:00	氷見漁港場外市場 ひみ番屋街
↓	車で8分
15:00	氷見北IC

道の駅 雨晴
みちのえき あまはらし
MAP P.26-1

大きな窓から海岸線を一望でき、カフェやショップのほか24時間オープンの展望デッキがある。JR氷見線の見学もここから。

☎0766-53-5661 交JR雨晴駅から徒歩5分 所富山県高岡市太田24-74 開9:00〜17:00(季節により最長〜19:00) 休無休 Pあり

開放感たっぷり モダンな道の駅

伝統工芸高岡銅器で作られた鐘「りん鐘」

船の形をモチーフにした白壁とガラスの外観

海浜植物を展示 遊び学ぶ施設

氷見の魅力が 盛りだくさん

源泉かけ流しの足湯は無料で利用できる

氷見市海浜植物園
ひみしかいひんしょくぶつえん
MAP P.26-2

天候や気候を気にせず楽しめ、遊べる展示庭園などのユニークな施設が充実している植物園。

☎0766-91-0100 交JR島尾駅から徒歩17分 所富山県氷見市柳田3583 開9:00〜17:00(11〜2月は〜16:30) 休火曜 Pあり

展望カフェレストランで軽食や喫茶を楽しめる

外国産の珍しいソテツやヤシを展示する温室

氷見漁港場外市場 ひみ番屋街
ひみぎょこうじょうがいいちば ひみばんやがい
MAP P.26-3

富山湾で獲れた新鮮な魚介をはじめ氷見うどんや氷見牛など地元の食が勢揃い。天然温泉浴場や無料の足湯も完備。

☎0766-72-3400 交JR氷見駅から徒歩25分／能越自動車道・氷見ICから約4km 所富山県氷見市北大町25-5 開8:30〜18:00 休無休 Pあり

引き潮時にはゴツゴツとした黒い岩肌が海面に現れて異なる自然美を見せる雨晴海岸

雄大豪壮な日本海

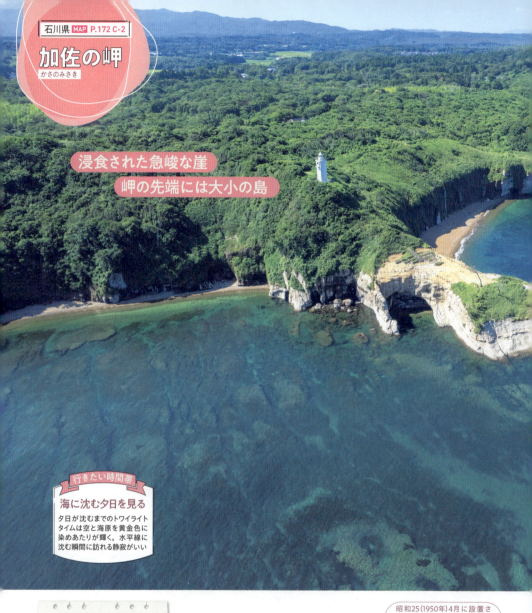

石川県 MAP P.172 C-2

加佐の岬
かさのみさき

浸食された急峻な崖
岬の先端には大小の島

行きたい時間帯
海に沈む夕日を見る
夕日が沈むまでのトワイライトタイムは空と海原を黄金色に染めあたりが輝く。水平線に沈む瞬間に訪れる静寂がいい

周辺のスポット

北前船主屋敷と日本庭園を公開

蔵六園
ぞうろくえん
MAP P.29
国の登録有形文化財。日本海を雄飛し巨万の富を築いた、旧北前船の船主・酒谷家の屋敷。
☎0761-75-2003 交JR加賀温泉駅から車で約6km 所石川県加賀市橋立町ラ47 営10:00～16:00 休無休(臨時休あり) Pあり

昭和25(1950年)4月に設置された高さ約14.9m、灯火標高が約53.9mの無人の灯台

28

> 真っ白な灯台の先を目指して崖の先端へと向かうと、目の前に広がる大小の島と浸食された豪快な奇岩の数々。

加佐岬灯台へは駐車場から徒歩で5分ほど。遊歩道を歩いて行くと一気に視界が開け、灯台の白さと日本海の海の青さが目の前に飛び込んでくる。灯台を抜けた先端には先ほどのパノラマビューを超える素晴らしい展望が待っている。断崖は長い年月、風と波にさらされて薄い板のようになっているが、かなりの見応え。岬は神奈川県の真鶴岬（まなづる）と直線で結ぶと、日本列島を東西に分けるライン上に「富士山」「御嶽山（おんたけさん）」「白山（はくさん）」が直線上に並ぶことから、パワースポットとしても注目されている。

海食岩はいつまで見ていても飽きない芸術作品のよう。真っ白な白亜塔形(四角形)の加佐岬灯台が風景がアクセントに

雄大豪壮な日本海

ACCESS
アクセス

金沢駅
↓ 北陸新幹線で20分
加賀温泉駅
↓ 加賀周遊バス「キャン・バス」で45分
北前船の里資料館バス停

北前船の里資料館バス停から徒歩16分。北陸自動車道・片山津ICから約7km

INFORMATION
問い合わせ先

加賀市産業振興部環境課
☎0761-72-7892

DATA
観光データ

[所]石川県加賀市橋立町 [開休料]見学自由 [P]あり

BEST TIME TO VISIT
訪れたい季節

冬も比較的積雪が少ないので加佐岬灯台まで行くことが可能。岬の先端では180度パノラマの冬の日本海の荒々しい様子が見られ豪快な気分に。夕日が見事なサンセットポイントで、なかでも春と秋は特に美しい。加賀温泉郷と併せて出かけたい。

新潟県 MAP P.171 E-2

角田岬灯台
かくだみさきとうだい

角田山の尾根の先端に建つ
海峡を渡る道しるべ

行きたい時間

夕暮れどきがベスト
日本海側は夕日を堪能できる場所が多い。空と雲を茜色に染め水平線に沈む瞬間、あたりが黄金色に輝く

階段を上りきった先に広がっているのは、壮大な青い海と空。その美しい景色を見ていると時間の経つのも忘れてしまう

雄大豪壮な日本海

> 標高482m、角田山の山裾の尾根に建つ灯台は佐渡弥彦米山国定公園にあり県内に自生する草木がすべて見られる。登山道も整備されているので併せて楽しみたい。

新潟市内の南西部、白い砂浜が広がる角田浜に隣接する小高い丘に建つ。灯台の手前までは細い階段を上り、尾根に到着すると日本海が一望できる。灯台が完成したのは昭和34年（1959）。以来、佐渡海峡を通過するすべての船を照らし、2024年にユネスコ世界文化遺産に登録された「史跡金山」のある佐渡島（P40）も晴天の日はその姿をはっきりと見ることができる。また、角田山一帯は佐渡弥彦米山国定公園特別地域で7つのバラエティに富んだ登山コースも設けられている。

灯台までは階段が整備されている。途中から日本海が目の前に広がり爽快

灯台は普段立ち入ることができないが、海の日などのイベントで一般公開をしている

ACCESS
アクセス

新潟駅
↓ JR越後線で40分
巻駅

巻駅から車で20分。北陸自動車道・巻潟東ICから約20km。山形方面からアクセスする場合、北陸自動車道・新潟西ICから約22km

INFORMATION
問い合わせ先

新潟市西蒲区役所産業観光課
☎0256-72-8454

DATA
観光データ

所 新潟県新潟市西蒲区角田浜　開 休 料 見学自由　P あり（角田浜海水浴場と兼用）

BEST TIME TO VISIT
訪れたい季節

一年を通じて日本海のさまざまな表情を堪能できるが、気候が安定している春から初夏にかけてがベストシーズン。春の角田山は「花の山」といわれ3月中旬から4月頃に咲くユキワリソウは可憐で美しい。また、夏は隣接する角田浜海水浴場に多くの海水浴客が訪れ賑わう。

TRAVEL PLAN

日本海の美しい砂浜が続く角田浜の周辺は灯台をはじめ、歴史ロマンあふれる洞穴や、新たな産地として注目のワイナリーなど訪れたい場所ばかり。

COURSE

- 13:45 巻潟東IC
  - ↓ 車で30分
- 14:15 判官舟かくし
  - ↓ 徒歩3分
- 14:30 角田岬灯台
  - ↓ 車で6分
- 15:00 新潟ワインコースト
  - ↓ 車で25分
- 18:00 巻潟東IC

判官舟かくし
はんがんふなかくし

MAP P.32- 1

義経伝説の地が角田灯台の下に

源義経が兄の頼朝から逃れるために奥州に向かう途中で舟とともに身を隠したとされる洞穴で大小2つある。
☎0256-72-8454（新潟市西蒲区役所産業観光課）交北陸自動車道・巻潟東ICから約20km所新潟県新潟市西蒲区角田浜 開休料見学自由 Pあり

義経が身を隠した洞穴へつづくトンネル

奥行き約28mと約14mの2つの洞穴がある

角田岬灯台
かくだみさきとうだい

急な階段が続くので歩きやすい靴で上りたい

新潟ワインコースト
にいがたワインコースト

MAP P.32- 2

角田山の麓にある海と砂の土壌の「新潟ワインコースト」には個性的な5つのワイナリーが集まり、新しいワインの産地として注目を集めている。
☎025-283-1188（新潟県観光協会）交北陸自動車道・巻潟東ICから約15km所新潟県新潟市西蒲区角田浜1661 開休料ワイナリーにより異なる Pあり

日本海に広がる海岸地帯ならではのテロワールを

ワイナリー見学で飲み比べもできる

灯台から真っ直ぐ延びる白砂の海岸線と緑に囲まれた山とのコントラストが望める

徒歩5分圏内にある5つのワイナリーをひと巡り

新潟県の海岸線をなぞるドライブコース「日本海夕日ライン」のひとつなので夕日は最高

雄大豪壮な日本海

福井県 MAP P.172 B-4
水島
みずしま

夏限定で上陸できる
敦賀湾に浮かぶ楽園

行きたい時間帯
朝から行って遊ぼう
海開き期間は朝9時から色ヶ浜と浦底桟橋から渡し船が毎日運航。入島者数制限もあるので、早めに出発したい

雄大豪壮な日本海

福井県敦賀半島の先に浮かぶ無人島の水島。夏に透明度が増す青い海と、細長く延びた白い砂浜は「北陸のハワイ」といわれアイランド感が満載

> 毎年、夏の2カ月だけ観光船で渡ることができる水島。透明度の高い水質と白砂が特徴で「北陸のハワイ」とも呼ばれる。敦賀半島の先端に浮かぶ全長約500mの無人島へ。

遠浅のビーチが多い福井県内でも特に浅瀬が続き透明度が高い島。海水浴期間中の7月中旬～9月初旬（年により変動あり）は、毎日運行している渡し船に乗って島に渡る。乗船時間は片道わずか10分。乗船希望の多いときはピストン運航する配慮もうれしい。水島には更衣室がないため事前に水着に着替えて乗船する必要があり、船の中はすでに浜辺のような雰囲気で期待が高まる。島は全長500m。水上バイクや、バーベキューなどの火器の使用が禁止されているので、自然のままの静かで美しい海を楽しめる。

透明度抜群のエメラルドグリーンの遠浅の海。浅瀬でもたくさんの魚を見ることができる

色浜港から船で水島へ。水島や港の近くに売店はないので、昼食は持参必須

ACCESS
アクセス

敦賀駅
↓ 敦賀市コミュニティバス・常宮線立石行きで30分
色ヶ浜バス停
↓ 渡し船で10分
水島

敦賀市コミュニティバスは1日3往復。色ヶ浜船着場の渡し船は9:00から30分間隔で随時運航、海の状況により欠航あり。北陸自動車道・敦賀ICから色ヶ浜船着場まで約16km

INFORMATION
問い合わせ先

敦賀観光案内所 ☎0770-21-8686
港都つるが観光協会
☎0770-22-8167

DATA
観光データ

所 福井県敦賀市色ヶ浜 開 7月中旬～9月初旬（年によって変動、公式サイトで要確認） 休 荒天時 料 1500円、子供800円（往復） P あり

BEST TIME TO VISIT
訪れたい季節

渡し船が運行する7月中旬～9月初旬。白い砂浜に、遠浅で透明度の高い海と、人慣れしている魚が多いので水島でできる最高のアクティビティはシュノーケリング。魚を追っていつまでも泳いでいられるほど豊かな海。

TRAVEL PLAN

透き通った南国のような海が若狭路には多く、北陸新幹線延伸で首都圏からもスマートに行けるようになった。敦賀駅前のおしゃれカルチャーにもふれたい。

COURSE

- 08:45 敦賀駅
  ↓ バス30分＋渡し船10分
- 09:30 水島
  ↓ 渡し船10分＋バス18分
- 16:00 気比の松原
  ↓ バス12分
- 17:00 TSURUGA POLT SQUARE otta
  ↓ 徒歩1分
- 18:30 敦賀駅

水島（みずしま）

砂粒がとても細かく白い砂が特長の「水晶浜海水浴場」。7月上旬～9月初旬のみ開設する

一緒には泳げないが、島や渡し船からイルカが見えることも

気比の松原（けひのまつばら） 約40万㎡の広さにアカマツとクロマツ

MAP P.36-1

敦賀湾最奥部に広がる白砂青松の景勝地。日本三大松原のひとつに数えられ、国の名勝にも指定されている。

☎0770-21-8686（敦賀観光案内所）、0770-22-8167（港都つるが観光協会） 交北陸自動車道・敦賀ICから約5km 所福井県敦賀市松島町33 開見学自由 P あり

三保の松原（静岡県）、虹の松原（佐賀県）と並ぶ

雄大豪壮な日本海

「TSURUGA BOOKS & COMMONS ちえなみき」

スタイリッシュな敦賀駅前空間

回遊性の高いコミュニティスポットとして定着

TSURUGA POLT SQUARE otta
ツルガ ポルト スクエア オッタ

MAP P.36-2

3万冊を超える本が迷路のように並ぶ「TSURUGA BOOKS & COMMONS ちえなみき」をはじめ、大人も子どもも参加できるイベントを定期的に開催し、市民の知りたい、学びたい気持ちに応える複合施設。カフェやフードも充実している。

交JR敦賀駅からすぐ 所福井県敦賀市鉄輪町1-5 開店舗により異なる P あり

「中道源蔵茶舗」のコンセプトは日本茶を日常に

LUNCH

ラーメン一筋、敦賀の老舗人気店

中華そば 一力（ちゅうかそば いちりき）

MAP P.36-3

中華そば950円。「敦賀に一力あり」といわれる名店だ

☎0770-22-5368 交JR敦賀駅から敦賀市コミュニティバスで市役所前バス停下車、徒歩2分 所福井県敦賀市中央町1-13-21 開11:00～19:00 休月・火曜 P あり

石川県 MAP P.170 A-4

能登島
のとじま

時を忘れる穏やかな小島 波静かな七尾湾景に感嘆

行きたい時間帯

夕暮れの時間帯

日本海の自然のなかで黄金に輝く夕日。穏やかな水面に太陽が沈んでいく様子は能登島でしか味わえない

石川県内一長い「能登島大橋」は令和6年能登半島地震で被災したが2024年9月に対面通行が再開

> 令和6年能登半島地震で大きな被害を受け、今もなお復興途中の日々に、美しい自然が人々に寄り添っている。

手つかずの自然が広がる能登島は七尾湾に囲まれた島。平成23年(2011)に能登半島が世界農業遺産に認定されたことをきっかけに農業と漁業を体験できる観光交流の島に。のどかな風景が広がる島だが絶景スポットも多く点在していて、絵画のように美しい七尾湾の海岸線にゆっくりと夕日が落ちる様子はシャッタースポットとして人気。また、温泉をはじめ、ダイビング、キャンプ、ゴルフなどのアクティビティも楽しめる。毎年7月の最終土曜の夜には日本三大火祭のひとつ能登島向田の火祭りが行われる。

穏やかで透き通った七尾湾に浮かぶ能登島。自然に囲まれ心落ち着く風景から広がる

復活した海の生きものたちの楽園

のとじま水族館
のとじますいぞくかん
MAP P.39

長さ22mの日本最大級のトンネル水槽や水量1600tの日本海側最大級の水槽エリアを完備。令和6年能登半島地震の被害で休館したが、現在は営業を再開している。

☎0767-84-1271 交能海交通・のとじま臨海公園バス停下車すぐ 所石川県七尾市能登島曲町15-40 営9:00〜17:00 休無休 Pあり

ACCESS
アクセス

七尾駅
↓ JR七尾線で5分
和倉温泉駅
↓ 能登島交通で14分
能登島大橋入口バス停

能登島大橋入口バス停からのとじま臨海公園バス停(のとじま水族館)バス停まで能登島交通で22分。七尾田鶴浜バイパス・和倉ICから能登島大橋入口バス停まで約7.5km

INFORMATION
問い合わせ先

能登島観光協会(平日9:00〜17:00)
☎0767-84-1113

DATA
観光データ

所石川県七尾市能登島 休見学自由 Pあり

※令和6年能登半島地震の影響により、道路状況、営業状況が現状と異なる場合があります

BEST TIME TO VISIT
訪れたい季節

日本三大火祭りのひとつ向田の火祭りが行われる7月下旬がおすすめ。燃え盛る大迫力の巨大な火柱はやがて燃え尽き、松明の倒れた方向によってその年の豊作、豊漁を占う。先端に付けられた御幣には幸運をもたらすとされ、その御幣に男衆が殺到する。

雄大豪壮な日本海

佐渡島 さどがしま

佐渡市

金銀山400年の歴史を刻む
トキが舞う美観の宝庫

およそ10階建てのビルの高さで9層が階段状に連なる。世界文化遺産登録「佐渡の金山」に属していないが牽引してきた建物。4月〜1月はライトアップ

北沢浮遊選鉱場跡
きたざわふゆうせんこうばあと
MAP P.42

国史跡・産業遺産
鉱山近代化に貢献

鉱石から鉱物を分離・回収する"浮遊選鉱法"を金銀の採取に応用させ黄金期を支えた。佐渡島のラピュタとSNSで話題。
☎0259-74-2389(株式会社 ゴールデン佐渡) 交 両津港から約26km 所 新潟県佐渡市相川北沢町3-2 開休料 見学自由 P あり

雄大豪壮な日本海

MAP P.171 D-2

「佐渡島の金山」が2024年7月にユネスコ世界文化遺産に登録。貴重な歴史が認められた島を巡る

　世界文化遺産登録へ27年に及ぶ活動が実り、「西三川砂金山」と「相川鶴子金銀山」の2つの鉱山から構成される「佐渡島の金山」が世界に認められた。観光施設「史跡佐渡金山」では敷地内に点在する坑道跡や採掘施設、浮遊選鉱場など多くが国重文、史跡、近代化産業遺産。見学や体験を通して島の往時を体感できる。島内の移動は海岸線と並走する県道45号"佐渡一周線"を使うとスムーズ。奇岩怪石の岸壁や景勝地、天然記念物のトキにも対面できる。

世界遺産のシンボル
垂直の山がV字に

巨大な金脈を掘り山がV字に割れたような姿になった「道遊の割戸」

ACCESS アクセス

新潟港
　↓ジェットフォイルで約1時間10分
両津港

カーフェリーの場合は約2時間30分。上越市の直江津港から向かう場合は、小木港までカーフェリーで約2時間40分
※直江津航路は冬期休航
佐渡汽船 ☎0570-200310(総合案内)
佐渡汽船レンタカー(両津)
☎0259-27-5195

INFORMATION 問い合わせ先

佐渡観光交流機構佐渡観光案内所
☎0259-74-2220(相川)
☎0259-86-3200(小木)

日本最大級の
鉱山跡を探検

史跡佐渡金山
しせきさどきんざん
MAP P.42
採掘作業を動く人形が忠実に再現された宗太夫坑と道遊坑を見学できる。
☎0259-74-2389(株式会社ゴールデン佐渡) 🚌両津港から約27km 📍新潟県佐渡市下相川305 🕗8:00〜17:30 休無休 料1500円 Pあり

佐渡島マップ:
- 大野亀
- 弾埼灯台 4
- 史跡佐渡金山
- 尖閣湾揚島遊園
- 佐渡島
- 佐渡市
- 金北山▲
- 両津湾
- 両津港
- 佐渡空港
- 真野湾
- 5 加茂湖
- 弁慶のはさみ岩 3
- 2 妙宣寺五重塔
- 北沢浮遊選鉱場跡
- 大膳神社能舞台
- 6 佐渡弁慶佐渡本店
- 小木港
- 1 佐渡 西三川ゴールドパーク
- 直江津港
- 日本海

● **本土を結ぶ2つの航路**

佐渡と本土は新潟港(新潟市側)と直江津港(上越市側)の2港でつなぐ。新潟から高速船ジェットフォイルとカーフェリー、直江津港からはカーフェリー(冬期休航)が就航する。両津港に到着後は佐渡市街地がすぐで移動も便利だ。

1 ジェットフォイルが停泊する両津港／
2 小木港に到着するフェリー「こがね丸」

尖閣湾揚島遊園
せんかくわんあげしまゆうえん
MAP P.42

奇岩・怪岩連なる島内屈指の景勝地

周辺は「全国渚百選」に選定の海中公園。「海中透視船(有料)」で湾内巡りと海中の様子が楽しめる。売店や軽食堂もある。

📞0259-75-2311(佐渡尖閣湾リゾート) 🚗両津港から約33km 🏠新潟県佐渡市北狄1561 ⏰8:30〜17:30(季節変動あり) 休無休 料500円 Pあり

大膳神社 能舞台
だいぜんじんじゃのうぶたい
MAP P.42

佐渡に現存する最古の能舞台

室町時代に能の大成者・世阿弥が流された佐渡。島内に30棟余りの能舞台があり、島民の日常の一部。

📞0259-55-2953(大膳神社) 🚗両津港から約17km 🏠新潟県佐渡市竹田562-1 開休料見学自由 Pあり

佐渡の中央に広がる国中平野に野生のトキが集う

大野亀
おおのがめ
MAP P.42

島の最北端に巨大な亀の岩

5月下旬〜6月上旬には約100万本のトビシマカンゾウが咲く。亀のような形をしている一枚岩が日本海に突き出ている。

📞0259-27-5000(佐渡観光情報案内所) 🚗両津港から約36km 🏠新潟県佐渡市願 開休料見学自由 Pあり

雄大豪壮な日本海

TRAVEL PLAN

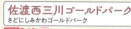

金銀鉱石の採掘と生産がおよそ400年行われた世界でも稀な鉱山。黄金を求め往来が多く多彩な文化が定着。文化財や新潟県の1番が多いのも特徴。

佐渡西三川ゴールドパーク
さどにしみかわゴールドパーク
MAP P.42-[1]

「佐渡の金山」のもうひとつのシンボル。平安時代から金が採れている佐渡最古といわれる砂金山で砂金採り体験ができる。

📞0259-58-2021 🚢両津港から約30km 📍新潟県佐渡市西三川835-1 🕘9:00〜16:30(季節により変動あり) 休12〜翌2月のみ不定休 ¥1500円 Pあり

世界文化遺産登録
西三川砂金山で体験

採った砂金はペンダントなどに加工(有料)できる

COURSE

08:30	両津港
	↓ 車で45分
09:15	佐渡西三川ゴールドパーク
	↓ 車で17分
10:45	妙宣寺五重塔
	↓ 車で26分
14:00	北沢浮遊選鉱場跡
	↓ 車で3分
15:30	弁慶のはさみ岩
	↓ 車で75分
17:00	弾埼灯台
	↓ 車で42分
18:30	加茂湖
	↓ 車で2分
19:00	両津港(最終便19:30)

北沢浮遊選鉱場跡
きたざわふゆうせんこうばあと

緑に覆われた北沢浮遊選鉱場跡。敷地内にはカフェもある

妙宣寺五重塔
みょうせんじごじゅうのとう
MAP P.42-[2]

文政8年(1825)に建立。全高約24m。初層の軒蛇腹を二重に折り上げ、上層は放射状の扇垂木になっている。

📞0259-55-2061 🚢両津港から約18km 📍新潟県佐渡市阿仏坊29 見学自由 Pあり

建築様式は和様の三間五重塔婆で屋根は宝形造り

新潟県内唯一の国重文の五重塔

弁慶のはさみ岩
べんけいのはさみいわ
MAP P.42-[3]

佐渡弁慶ら山伏一行が鬼から力比べを挑まれその際に投げ飛ばした岩が挟まったという伝説が残る。

📞0259-27-5000(佐渡観光交流機構) 🚢両津港から約27km 📍新潟県佐渡市下相川 見学自由 Pあり

岩壁にぴったりとはまりこんだまま

「落ちない」運にあやかりたい人たちの人気スポット

LUNCH

佐渡の新鮮な魚介で満腹
佐渡弁慶 佐渡本店
さどべんけい さどほんてん
MAP P.42-[6]

佐渡漁港直送の朝獲れ鮮魚を佐渡米で握った寿司

📞0259-52-3453 🚢両津港から約15km 📍新潟県佐渡市東大通833 🕘10:30〜21:00 休火曜 Pあり

弾埼灯台
はじきさきとうだい
MAP P.42-[4]

佐渡最北端の八角形の灯台

大正8年(1919)に設置。以来100年以上、島北部を航行する船舶の安全を守っている。

📞0259-27-5000(佐渡観光情報案内所) 🚢両津港から約31km 📍新潟県佐渡市鷲崎289-1 見学自由 Pなし

日の出とサンセットを望める岬の灯台として人気

加茂湖
かもこ
MAP P.42-[5]

新潟県最大の湖
両津湾の汽水湖

周囲約17km、明治期に湖水の氾濫を防ぐため開削。両津湾の海水と淡水が混ざり合った汽水で満たされた湖。カヤックが人気。

📞0259-27-5000(佐渡観光情報案内所) 🚶両津港から徒歩3分 📍新潟県佐渡市両津 見学自由 Pあり

カキ養殖が盛んで湖岸にカキ小屋やカフェがある

四季を彩る花景色

残雪の山々を背に咲き誇る陽光に輝く花々。桜、チューリップ、そして水仙、寒さに強い土地に咲く花たちが豊かな表情で出迎える。

新潟県 MAP P.171 F-2

水の公園 福島潟
みずのこうえん ふくしまがた

菜の花と野鳥が群れる
五頭連峰を映す湖面

この花の見頃

4月上旬〜下旬

水の公園福島潟内（約3ha）一面に菜の花畑が広がり、春の訪れを告げる。湖面には五頭連峰も映り菜の花によく合う

四季を彩る花景色

国内有数のヒシクイの越冬地で9月末〜10月上旬にかけて飛来。多い年は9000羽以上になる。2月頃までに去っていくと、菜の花の季節がやってくる

> 渡り鳥が飛び立つと桜と菜の花の共演が水辺を彩る。潟内は国指定鳥獣保護区に指定。一年を通して渡り鳥が代わるがわる飛来する。季節の変わり目を花と鳥が教えてくれる。

福島潟は、新潟市と新発田市にまたがる広大な湿地帯で、220種類以上の野鳥と450種類以上の植物が確認されている。春には一面に菜の花が咲き誇り、あたりを黄色に染め上げる。また、天然記念物のオオヒシクイをはじめ季節ごとにさまざまな渡り鳥が飛来することでも有名で、バードウォッチングの名所となっている。ランドマークになっている水の公園・福島潟水の駅「ビュー福島潟」の7階屋上展望台からは潟全体と越後平野が見渡せ、水辺と周辺の風景や自然環境がよくわかる。

水の公園・福島潟水の駅「ビュー福島潟」の屋上から越後平野を一望できる

約1.2kmにわたって続く正面堤防のソメイヨシノの並木道も見どころ

ACCESS
アクセス

新潟駅
↓ JR白新線で20分
豊栄駅

豊栄駅から徒歩40分。日本海東北自動車道・豊栄新潟東港ICから約3.5km

INFORMATION
問い合わせ先

水の公園・福島潟水の駅「ビュー福島潟」 025-387-1491

DATA
観光データ

所 新潟県新潟市北区前新田乙493 開 9:00〜17:00 休 月曜（祝日の場合は翌日）料 無料（水の公園・福島潟水の駅「ビュー福島潟」4F以上は520円）P あり

BEST TIME TO VISIT
訪れたい季節

四季折々の魅力があり、春は桜と菜の花、夏はオニバスや蓮の花が見事。夏の野鳥も飛来する。秋から冬にかけてオオヒシクイやコハクチョウが飛来し、雪景色と静寂に水鳥たちが羽を休める幻想的な風景が見られる。

夏は日本の水生植物のなかでいちばん大きな約2mの葉をつけるオニバスが開花

寒さのなかの福島潟

冬の潟景色

冬の福島潟は、オオヒシクイやコハクチョウなど、多くの渡り鳥が飛来する越冬地として知られている。雪景色のなか、静かに羽を休める鳥たちの姿は訪れる人々を魅了する。特に早朝の薄明かりに浮かぶ群れの動きは幻想的で、自然の息吹を感じる貴重な体験ができる。またこの時期、水の駅「ビュー福島潟」の屋上からは白く染まった福島潟や飯豊連峰が一望できる。

1 秋には福島潟に多くのカワウが集まり、水面に映る姿が印象的／**2** 福島潟が一面の雪に覆われ静寂の時間が訪れる。冬ならではの澄んだ空気と美しい風景がたまらない

TRAVEL PLAN

水の駅「ビュー福島潟」周辺には野鳥観察などふれあいスポットが点在。福島潟を散策したあとは、近隣の市島邸で歴史的建築と庭園を観賞。

水の公園 福島潟
みずのこうえん ふくしまがた

福島潟は内陸側に徐々に土砂が堆積しできあがった湖

全面ガラス張りの水の公園・福島潟水の駅「ビュー福島潟」。4Fに映像展示室、6Fに展望ホールがある(有料)

COURSE

- 09:00 豊栄駅
  ↓ 車で10分
- 09:10 水の公園 福島潟
  ↓ 車で8分
- 14:00 市島邸
  ↓ 車で15分
- 15:00 豊栄駅

重厚な門構え
歴史への入口

市島邸
いちしまてい
MAP P.49- 1

江戸時代の豪農が築いた邸宅で四季折々に彩られる美しい庭園と重厚で格式ある建築が魅力的。

☎0254-32-2555 交JR月岡駅から徒歩10分 所新潟県新発田市天王1563 営9:00～17:00(冬期は～16:30) 休水曜(祝日の場合は翌日) Pあり

明治初期造営の600余坪を有する風格ある大邸宅

LUNCH

デザートにもこだわる欧風レストラン
欧風料理とケーキのお店 Le Tamps
おうふうりょうりとケーキのおみせる・タン
MAP P.49- 2

☎025-384-3535 交JR豊栄駅から徒歩16分 所新潟県新潟市北区嘉山1-1-39 営11:00～17:00、17:30～21:00 休火曜、ほか不定休 Pあり

地元の食材をふんだんに使った料理とデザートが自慢

全12部屋からなる。貴重な大正ガラスが見られる

四季を彩る花景色

面積は約262haの福島潟は、新潟県内で最大規模の潟で「日本の自然百選」に選ばれている

49

富山県 MAP P.170 C-4

あさひ舟川「春の四重奏」
あさひふながわ「はるのしじゅうそう」

北アルプスの山々を背に
春の訪れを祝う奇跡の瞬間

朝日町の壮大な自然と花々が織りなす絶景は、息をのむ美しさ。チューリップや菜の花とのコラボはぜひ写真に収めたい

この花の見頃

約280本の見事な桜

地元の人々の手によって植えられたソメイヨシノ。堤防の両岸に1200mも続く桜並木となっているのでゆっくり散策できる

四季を彩る花景色

©(一社)朝日町観光協会

> 桜、チューリップ、菜の花など春の訪れを感じる花々と、雪の残る朝日岳、白馬岳が奏でる四重奏を堪能。ヒバリの鳴き声に耳を傾ければ、春爛漫の風景がいっそう華やぐ。

富山県の最東端にある朝日町が誇る風物詩「春の四重奏」。チューリップ農家をはじめ地元の人々の「たくさんの方にチューリップを通して出会いたい」という思いでつくられるこの風景は、国内外問わず多くの人を魅了。桜の開花シーズンの4月上旬～中旬頃が特に見頃で、夜はライトアップやかがり火が焚かれ、より幻想的な空間が広がる。桜の手前に咲く花々の順番は毎年異なるように手入れされていて、訪れるたびに違った表情が楽しめるのも魅力のひとつ。美しい景観を守るため観賞マナーには注意したい。

桜並木を保護するため、開花期間中は車両を通行止めにして歩行者専用となる配慮も

ACCESS
アクセス

富山駅
↓ あいの風とやま鉄道線で46分
泊駅
↓ シャトルバスで10分
朝日町 桜並木周辺

シャトルバスは10～15分間隔で開花シーズンのみ運行。JR黒部宇奈月温泉駅から事前予約式の連絡バス「あさひまちエクスプレス」が運行。所要18分。北陸自動車道・朝日ICから約3km

INFORMATION
問い合わせ先

朝日町役場商工観光課
☎0765-83-1100

DATA
観光データ

所 富山県朝日町舟川新 開 4月2日～4月16日(2025年の開催予定) 休 期間中無休 料 1000円(駐車場代) P あり(平日は会場周辺駐車場、土・日曜はあさひ総合病院、サンリーナからシャトルバス運行あり)

BEST TIME TO VISIT
訪れたい季節

桜の開花シーズンである4月上旬～中旬頃が特におすすめ。地元の方が大切に育てたソメイヨシノがつくり出す桜のトンネルは圧巻だ。

天然の宝石を自由に拾って楽しむ

ヒスイ海岸
ヒスイかいがん
MAP P.52

エメラルドグリーンに輝く海が美しい海岸。きれいな緑色のヒスイを探すのも散策の醍醐味。
☎0765-83-2780 交 あいの風とやま鉄道越中宮崎駅から徒歩1分 所 富山県朝日町宮崎 開休料 見学自由 P あり(夏期は有料)

あさひ舟川「春の四重奏」

朝早い時間に訪れると、山影と花々が競演する幻想的な光景を見ることができる

四季を彩る花景色

富山県 MAP P.173 D-2

砺波チューリップ公園
となみチューリップこうえん

赤白黄色の300万本
艶やかに広がる地上絵

この花の見頃

春の華やかな彩り

4月中旬から5月上旬にかけて、300品種、300万本のチューリップが見頃を迎え、園内は華やかな風景が広がる

秋に球根の植え込み作業を行いていねいに育てたチューリップが春のフェアに見事な地上絵となって大花壇に出現

> チューリップの美しさを一年中楽しめる施設が整備されている。さらに、周辺には地元食材を生かしたカフェが点在している。

砺波チューリップ公園は、毎年春に開催される「となみチューリップフェア」の会場として知られ、国内外から多くの観光客が訪れる。トルコ調の「ヤロバの泉」から北門を抜けると約7.0haの公園が広がり、園内にはチューリップタワーがそびえ立ち、展望デッキから公園全体を一望できる。また、毎年12月上旬から下旬の夜間にはライトアップが行われ、昼間とは異なる幻想的な雰囲気に。公園周辺には地元の食材を生かしたカフェやレストランが点在し、訪問者は美しい花々とともに砺波の味覚も楽しめる。

隣接するチューリップ四季彩館では一年中チューリップを観賞できる。多彩な展示も魅力

旬の味覚が楽しめる甘味処

Cafe Spiel
カフェ シュピール
MAP P.55

旬のフルーツを贅沢に使用した彩り豊かなパフェや、ふわふわのスフレパンケーキが評判の、落ち着いた雰囲気のカフェ。

☎050-1331-0663 ❋JR油田駅から徒歩10分
富山県砺波市 宮丸33-1 ⏰11:00〜18:30(LO18:00) 休火・水曜 P10台

プリンとオレンジのパフェ(左)、スフレパンケーキ(右)

ACCESS
アクセス

富山駅
↓ あいの風とやま鉄道で18分
高岡駅
↓ JR城端線で26分
砺波駅

砺波駅から徒歩12分。北陸自動車道・砺波ICから約3km

INFORMATION
問い合わせ先

チューリップ四季彩館
☎0763-33-7716

DATA
観光データ

🏠富山県砺波市花園町1-32 ⏰休見学自由 ❋チューリップフェア開催時は有料、KIRAKIRAミッション時は無料 P周辺駐車場利用

BEST TIME TO VISIT
訪れたい季節

春のチューリップフェア期間中は、色鮮やかな花々が見頃となりおすすめ。冬期には約10万球のイルミネーションが公園を彩り、幻想的な雰囲気を楽しめる。

四季を彩る花景色

福井県 MAP P.172 B-3

西山公園
にしやまこうえん

5万株の色鮮やかなツツジ
鯖江のシンボルフラワー

ツツジの見頃になると「さばえつつじまつり」が開催される。ステージイベントに加え、キッチンカーや屋台が並び、物産品の販売なども行われる

この花の見頃
色鮮やかなツツジ
4月下旬〜5月上旬頃にかけて公園一帯には濃淡の異なるピンクをはじめ濃い赤、白色など色とりどりのツツジが咲く

四季を彩る花景色

「日本の歴史公園100選」に選定された都市公園。春は桜やツツジ、秋は紅葉、冬になると雪景色。四季の美しい風景で訪れる人々の目を楽しませてくれる。

福井県のシンボルの美しい公園で四季折々の自然の風景を楽しめる。園内には日本庭園、動物園、フィールドアスレチック、芝生広場など多様な施設が充実していて、子どもから大人まで幅広い世代で一日中過ごせる。特にレッサーパンダが飼育されている動物園は、動物たちとのふれあいを体験できる貴重な場所。また西山公園に隣接する道の駅には、特産品、レッサーパンダ関連のグッズも豊富に揃っているので要チェック。自然の美しさと多彩なアクティビティを満喫しながら、思い出に残るひとときが過ごせる。

西山公園動物園の人気もの

くりっとした丸い目が特徴。まるでぬいぐるみのようなかわいらしさ。

日中友好のシンボルとして北京動物園から寄贈を受けて開園した動物園。レッサーパンダの繁殖では日本有数の実績を誇り、至近距離で見られるのが魅力。レッサーパンダが活動的な午前中に訪れるのがおすすめ。レッサーパンダのほか、シロテテナガザル、ボリビアリスザル、タンチョウなどが飼育されている。

1 大きな瞳が見る人を癒すフランソワルトン／2 レッサーパンダの繁殖数日本一を誇る

ACCESS
アクセス

金沢駅
↓ 北陸新幹線で35分
福井駅
↓ ハピラインふくいで15分
鯖江駅

鯖江駅から徒歩15分。福井鉄道・西山公園駅から徒歩1分。北陸自動車道・鯖江ICから約3km

INFORMATION
問い合わせ先

鯖江市公園管理事務所
0778-51-1001

DATA
観光データ

所 福井県鯖江市桜町3-7-20 開休料
見学自由 Pあり

BEST TIME TO VISIT
訪れたい季節

4月下旬～5月上旬頃、約5万株のツツジが咲き、「さばえつつじまつり」も開催される。ツツジのほか、園内には桜もあり、ピクニックを楽しむのにも最適だ。

約1600本のモミジが色を変える11月頃には、紅葉の中を散策できる

4月上旬頃に満開になる桜。夜間にはライトアップも見られる

TRAVEL PLAN 🚗

西山公園で四季の自然を楽しんだあと、老舗パン屋で絶品のパンを味わい、めがねミュージアムでモノづくりにふれる。心豊かなひとときを過ごせそう。

西山公園
にしやまこうえん

地域の憩いの場として江戸時代から愛されてきた土地

COURSE

- **10:55** 西山公園駅
  ↓ 徒歩1分
- **11:00** 西山公園
  ↓ 徒歩9分
- **14:30** ヨーロッパン キムラヤ
  ↓ 徒歩21分
- **15:00** めがねミュージアム
  ↓ 徒歩10分
- **18:00** 鯖江駅

紅葉が楽しめる日本庭園。散策中に寄れる休憩所も完備

ヨーロッパン キムラヤ
ヨーロッパン キムラヤ

MAP P.58-1

ご当地あんぱんの『大福あんぱん』や本格的なフランスパン・ドイツパンを焼き上げる、銀座木村屋總本店の流れを汲むベーカリー。

📞0778-51-0502 🚃福井鉄道・西鯖江駅から徒歩10分 🏠福井県鯖江市旭町2-3-20 🕘9:30～18:00 休日・月曜 Pあり

古くて新しい 軍隊堅麺麭

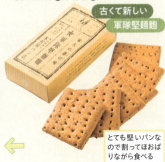

とても堅いパンなので割ってほおばりながら食べる

四季を彩る花景色

めがねミュージアム
めがねミュージアム

めがねの産地で楽しく学ぼう

MAP P.58-2

めがねの産地である福井県。約100年前の生産現場風景やめがねの展示コーナーが充実し、めがねの歴史を詳しく学べる。

📞0778-42-8311 🚃ハピラインふくい・鯖江駅から徒歩10分 🏠福井県鯖江市新横江2-3-4 めがね会館 🕘10:00～17:00（ショップは～19:00）休水曜 ¥無料 Pあり

入場無料。めがねづくりの歴史にふれられる

LUNCH

そばとうまい酒
亀蔵
かめぞう

MAP P.58-3

手打ちそばにインパクト大 なかき揚げおろし1980円

📞0778-42-8199 🚃ハピラインふくい・鯖江駅から徒歩10分 🏠福井県鯖江市東鯖江1-1-3 🕘11:00～15:00 18:00～21:30（月～金曜はランチのみ）休火曜 Pあり

高品質のめがねを購入することも可能

福井県 MAP P.172 C-3

乾側(丁)地区のシバザクラ

いぬいかわ(ようろう)ちくのシバザクラ

水田一面を染め尽くす
ピンクのグラデーション

のどかな田園風景に群生するピンク色の芝桜と澄みきった青い空が一枚の絵のような美しいシーンをつくり出す

> 大野市の景観賞にも選定された、のどかな畑に咲く芝桜の風景。里山で癒やされるひとときを過ごしたい。

新緑の美しい季節には水田地帯が芝桜で埋めつくされる。平成4年(1992)に2〜3軒の農家から始まった植栽活動だったが、今では30軒以上が参加して大野の春の風物詩として広く知られるようになった。太陽できらめく水田の縁を彩る風景を楽しむために遠方からも毎年多くの人が訪れる。この地域は豪雪地帯として有名だが芝桜は寒さに強く、小さくても多くの花を咲かせようとする強い生命力が感じられる。田植えの時期には、通行に注意しながら散策を楽しもう。

生命力あふれる緑と華やかでやわらかいピンク色のコントラストが美しい

ACCESS アクセス

金沢駅
↓ 北陸新幹線で35分
福井駅
↓ JR九頭竜線で50分
牛ヶ原駅

牛ヶ原駅から徒歩20分。中部縦貫自動車道・大野ICから約6km

INFORMATION 問い合わせ先

乾側公民館 ☎0779-66-3756

DATA 観光データ

[所]福井県大野市中丁 [開体]見学自由 [P]あり(乾側公民館を利用)

BEST TIME TO VISIT 訪れたい季節

4月下旬〜5月中旬頃になると、国道158号沿いにある水田のあぜ道に芝桜が鮮やかに咲き揃う。自然の美しさと地域の文化を同時に楽しむことができ、特別な時間が過ごせる。

可憐に咲くカタクリの群生地

矢ばなの里
やばなのさと
MAP P.61

3月下旬〜4月中旬頃になると、100万本もの薄紫色のカタクリの花が咲き乱れる。一年を通して季節の花々を楽しめるのがポイント。
☎0779-66-5945 [交]JR牛ヶ原駅から徒歩15分 [所]福井県大野市矢10-26 [開体]見学自由 [料]環境整備協力金300円(中学生以下無料) [P]あり

四季を彩る花景色

この花の見頃
4月下旬〜5月末

約20haの水田地帯に広がる芝桜が一斉に咲き誇り、まるで絨毯のように広がるその光景は壮観だ

新潟県 MAP P.171 D-4

松ヶ峯の桜
まつがみねのさくら

桜と残雪のコントラスト
上越ならではの春模様

この花の見頃

4月中旬から下旬

約1500本のソメイヨシノが見頃を迎える4月中旬でも妙高山には雪が残り、桜と残雪の絶妙な風景を楽しめる

桜と残雪の妙高山が織りなす美しい風景が松ヶ峯の見どころ。
満開の桜が池に映る姿はまるで絵画のようですがすがしい。

松ヶ峯は、農業用ため池として昭和35年（1960）に完成した松ヶ峯池の周辺に、地元の人々が植樹した約1500本のソメイヨシノが咲き誇る場所。「新潟景勝百選」にも選ばれており、特に4月中旬から下旬の開花期間中には、桜並木が美しく、夜はライトアップが行われ幻想的な雰囲気を楽しむことができる。また、残雪の妙高山を背景にした桜の風景は、季節ごとの美しさを求めて訪れる多くの写真愛好家をはじめ人々を魅了し続けている。その圧倒的な景観は、一度訪れると忘れられない思い出となる。

残雪の妙高山を背景に、桜並木が彩る風景は圧巻。春と雪景色のコントラストが美しい

春の風物詩は妙高山の雪解けとともに現れる雪形「跳ね馬」。馬が力強く跳ねているように見える形が水面に桜とともに映る

ACCESS
アクセス

上越妙高駅
↓ えちごときめき鉄道
　妙高はねうまラインで25分
関山駅
↓ 妙高市市営バスで3分
関山神社前バス停

関山神社前バス停から徒歩28分。上信越自動車道・中郷ICから約4km

INFORMATION
問い合わせ先

上越市中郷区総合事務所
☎0255-74-2411

DATA
観光データ

所 新潟県上越市中郷区江口　休 見学自由　P あり

BEST TIME TO VISIT
訪れたい季節

4月中旬から下旬は、満開の桜と残雪の妙高山が織りなす特別な風景が楽しめる時期。昼間は青空と桜、夜は22時頃までライトアップが行われているのでゆっくりと見ることができる。幻想的な景色が広がる、この季節ならではのコントラストが訪れる人々を魅了する。

LUNCH

味噌ラーメンの名店
食堂ニューミサ
しょくどうニューミサ

MAP P.63

味噌ラーメン1000円と半チャーハン400円のセット

☎0255-74-2096　交 上信越自動車道・中郷ICから約3.5km　所 新潟県上越市中郷区稲荷山367　営 9:00〜18:00　休 火曜　P あり

四季を彩る花景色

新潟県 **MAP** P.171 E-4

津南ひまわり広場
つなんひまわりひろば

太陽に向かい一斉に咲く
炎天の夏の大行進

この花の見頃

7月下旬～8月中旬

例年、梅雨明けを待って咲き始める。3段階に分けて咲かせているので夏の間、長期間見頃が続くのがうれしい

遊休農地などを活用し花による景観づくりをするために開発された「ハイブリッドサンフラワー」は倒れにくい品種

> 夏の太陽を浴びて笑顔がはじけるような花姿。
> なだらかな山容の角田山を背景に黄金色の海が揺れる。

津南ひまわり広場は、平成2年（1990）に遊休農地を利用してヒマワリを植えたことから始まった。その後、町の助成や農協の協力を得て規模が拡大し、現在では約4haの畑におよそ50万本のヒマワリが3つの時期に分かれて咲き、長期間楽しめる。例年大好評なのが「ひまわり迷路」。150cm前後の草丈なので迷路は大人でも十分に満足できる。花径は30cmほどで顔と並べて写真を撮るのもおすすめ。見晴台（無料）から見渡す光景は爽快で真夏の暑さを吹き飛ばしてくれる。

一面に広がるヒマワリ畑は、夏のまぶしい太陽に輝いて訪れる人たちを元気にしてくれる

眼病平癒の伝説の霊地

見玉不動尊
みだまふどうそん
MAP P.65

天平時代創建の由緒ある寺院で、眼病平癒のご利益が知られる。境内には清らかな湧水や滝があり、涼やかな癒やしの場となっている。

☎025-765-3886 🚗JR津南駅から車で15分 📍新潟県津南町秋成9761 見玉不動尊 🕐見学自由（冬期一部閉鎖） Ｐあり

ACCESS
アクセス

越後湯沢駅
↓ 北越急行ほくほく線で34分
十日町駅
↓ JR飯山線で25分
津南駅

JR津南駅から車で15分。関越自動車道・塩沢石打ICから約33km。※カーナビでは名称検索ができないためマップコード【253 243 736】を入力

INFORMATION
問い合わせ先

津南町観光協会 ☎025-765-5585

DATA
観光データ

📍新潟県津南町赤沢（沖ノ原台地）
🕐7月下旬〜8月中旬 9:00〜17:00
🆓見学自由 Ｐあり

BEST TIME TO VISIT
訪れたい季節

津南ひまわり広場の見頃は7月下旬〜8月中旬。この時期、約50万本のヒマワリが一斉に咲き、広大な畑一面が黄色一色に染まる。夏の日差しと爽快な青空の下でヒマワリ畑を楽しめる絶好の季節。

四季を彩る花景色

福井県 MAP P.172 B-3
越前海岸
えちぜんかいがん

潮風に揺れる白い花
山肌を埋める可憐な水仙

断崖に位置して咲く水仙と日本海や冬の青空とのコントラストが美しい。雪が降る日は荒れた日本海をバックに力強く咲く水仙の姿が見どころ

この花の見頃

12月下旬〜2月

毎年12月下旬から開花し、厳寒の1月上旬から2月にかけて一面に花が咲く。例年、週末を中心に水仙まつりも開催

四季を彩る花景色

> 高台にある公園から日本海と水仙畑のパノラマが一望できる。北陸の冬の味覚が旬を迎えるのと同時期に、越前海岸に点在する香り高い水仙の群生スポット巡りが楽しめる。

越前海岸はニホンズイセンの栽培面積日本一で三大群生地のひとつ。冬は暖流で比較的暖かく、強風で積雪が少ないため水仙が自生。ここで咲く水仙は越前水仙としてブランド化されている。県内各所に群生地があるなか、断崖に位置する越前岬水仙ランドは眼下に日本海の青い海と一面の越前水仙が広がる随一の絶景スポット。冬の張りつめたような冷たい空気のなかを身を寄せながら咲き広がる白と黄色の清楚な花が、周辺一帯を甘い香りで満たし、緑の葉がその生命力の強さを感じさせる福井の冬の風物詩だ。

越前岬の斜面一面に広がる越前水仙の畑は遊歩道が整備されていて観賞しやすい

白くそびえ立つ越前岬灯台は主要な航路標識として活躍中。11月には一般公開の日もある

まっすぐ伸びた茎と可憐な花。冬の冷たい空気のなか、甘い香りが漂う

ACCESS
アクセス

金沢駅
↓ 北陸新幹線で35分
福井駅
↓ ハピラインふくいで15分
鯖江駅

鯖江駅から車で40分。北陸自動車道・鯖江ICから約29km。JR福井駅から京福バス清水グリーンラインや予約制乗合タクシーほやほや号でアクセスもできる。所要1時間30分。詳細は京福バス公式サイト参照

INFORMATION
問い合わせ先

越前町観光連盟 ☎0778-37-1234
越前岬水仙ランド ☎0778-37-2501

DATA
観光データ

所 福井県越前町血ヶ平 休 見学自由
(越前岬水仙ランド 開 9:00〜17:00
休 木曜 料 無料 P あり)

BEST TIME TO VISIT
訪れたい季節

12月下旬から2月にかけての冬季は水仙の開花期間で、イベントが開催されるなど周囲は華やかな雰囲気になる。白亜の灯台や日本海のパノラマとともに春には桜、秋には紅葉が楽しめるビューポイントとして冬以外にも訪れたい。越前岬からの絶景は日本の夕陽百選にも選ばれている。

TRAVEL PLAN

日本海の荒波と強い風がつくり出した奇岩断崖と広大な畑を眺めながら冬のドライブがおすすめ。温泉に立ち寄ったり、食事や買い物もできる。

呼鳥門
こちょうもん

MAP P.68-1

海になだれ込むような岩石に、長い年月をかけた浸食作用でできた天然の洞穴。遊歩道から間近に観賞できる。

☎0778-37-1234 北陸自動車道・鯖江ICから約29km 福井県越前町梨子ヶ平 見学自由 Pあり

風と波が生んだ天然のトンネル

強風と荒波の力を強烈に感じられる奇岩の洞穴

以前は道路として使われていたが現在はトンネルが通る

COURSE

09:00	福井駅
	↓ 車で52分
10:00	呼鳥門
	↓ 車で7分
10:20	越前岬水仙ランド
	↓ 車で19分
11:00	道の駅 越前
	↓ 徒歩すぐ
12:00	越前がにミュージアム
	↓ 車で36分
14:00	越前たけふ駅

四季を彩る花景色

越前海岸沿いにあり、休憩や買い物に立ち寄れる

道の駅 越前
みちのえき えちぜん

MAP P.68-2

地元で水揚げされた魚介をはじめ、農産物、みやげ、食事処が揃う。露天温泉も人気。冬期は越前がに朝市を開催。

☎0778-37-2360 北陸自動車道・鯖江ICから約25km 福井県越前町厨71-335-1 9:00〜17:00 火曜 Pあり

いろいろ揃う 越前の玄関口

越前海岸
えちぜんかいがん

観賞は駐車場が完備された「越前岬水仙ランド」がおすすめ

越前がにミュージアム
えちぜんがにミュージアム

MAP P.68-3

カニが暮らす深海の様子など、3階建てのミュージアムで遊びや体験を通じ、新しい「かに文化」が学べる。

☎0778-37-2626 北陸自動車道・鯖江ICからから約25km 福井県丹生郡越前町厨71-335-1（道の駅 越前敷地内） 9:00〜17:00 火曜 Pあり

遊びながら学ぶ 越前がにの生態

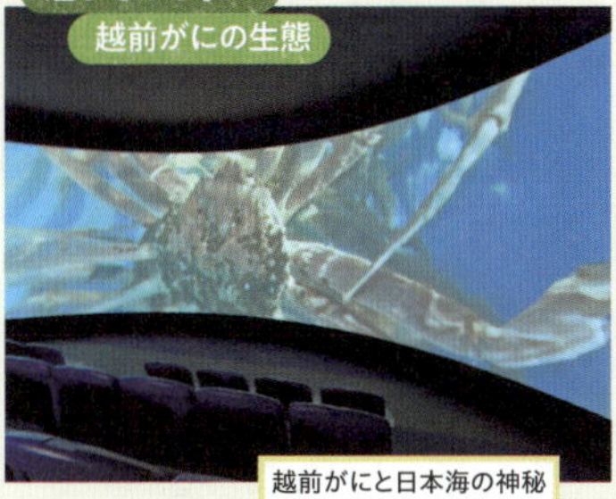

越前がにと日本海の神秘が学べる充実の展示内容

LUNCH

コースの締めは名物カニ丼

ふるさとの宿 こばせ
ふるさとのやど こばせ

MAP P.68-4

越前がにの開高丼付きコースは事前予約&季節限定の逸品

☎0778-37-0018 北陸自動車道・鯖江ICから約24km 福井県越前町梅浦58-8 11:30〜14:00（要予約） 無休 Pあり

富山県 MAP P.170 C-4

黒部川堤防桜堤
くろべがわていぼうさくらつつみ

北アルプスの豊かな恵み
田園風景に華やぐ桜の並木

この花の見頃
4月上旬~中旬

黒部川の堤防沿いに植えられた桜は1.5kmにわたって見事に咲き、散策路を淡いピンクのトンネルに変えていく

散策路の途中にあずま屋があり、ひと休みしながら桜観賞できる。花が散る頃は川を埋める花筏（はないかだ）が印象的

> 「富山さくらの名所70選」のひとつに数えられる桜の名所。風景のどこを切り取っても、美しい撮影スポットになる。

昭和42年(1967)に町民の手によって植えられたソメイヨシノ。当初は70本あまりだったが、現在は約160本に増え自然に近い工法で改修された水路と散策路沿いに桜並木が続き、雪の残る後立山連峰（うしろたてやまれんぽう）が遠景を彩り絶妙な風景を繰り広げる。遊歩道やあずま屋も整備されていて桜の花のシャワーを浴びながら歩くひとときは格別。やさしい春風と桜の淡い香りが穏やかな時間を届けてくれる。堤防の上の道路は桜並木沿いなのでドライブをしながら車窓からもお花見を楽しむことができる。

ピンク色の桜並木と田園風景が絶妙なコントラスト。富山の春を象徴する景色が広がる

幻想的で癒やされる空間に浸る

杉沢の沢スギ
すぎさわのさわスギ
MAP P.71

国の天然記念物に指定されている沢スギの林。ミステリアスで幻想的な雰囲気のなか、この貴重な場所で楽しむ森林浴は格別。

☎0765-72-1710 ❖あいの風とやま鉄道・入善駅から車で10分 所富山県下新川郡入善町吉原 開9:00～17:00（沢スギ自然館） 休月曜、祝翌日、12月28日～2月末 Pあり（沢スギ自然館利用）

ACCESS
アクセス

黒部宇奈月温泉駅
↓ 徒歩10分
新黒部駅
↓ 富山地方鉄道本線で8分
浦山駅
浦山駅から車で5分。北陸自動車道・黒部ICから約5.5km

INFORMATION
問い合わせ先

入善町住まい・まちづくり課
☎0765-72-3837

DATA
観光データ

所富山県入善町浦山新 開休料見学自由 Pなし

BEST TIME TO VISIT
訪れたい季節

桜の開花シーズンの4月上旬～中旬頃がおすすめ。ソメイヨシノの淡いピンク色が青空によく映え、雪が残る山の稜線とのコンビネーションも素晴らしい。また、4月中旬過ぎの花が散る頃も訪れたい。花びらに覆われた川がゆっくりと流れていく姿は黒部川堤防桜堤ならではの風景。

四季を彩る花景色

COLUMN

夢のような春宵一刻の風景

夜桜に染まる城跡

日中の桜とは趣が異なり妖艶な夜桜。春の夜空を華やかに彩る花模様が歴史ある城の建物とあいまって心奪われる風景をつくり出す。

高田城址公園
たかだじょうしこうえん

新潟県上越市 MAP P.171 D-4

松平忠輝公築城の高田城跡に整備された公園。園内と周辺合わせて約4000本の桜が開花する桜の名所として知られる。三重櫓のライトアップとともに照らし出される桜は「日本三大夜桜」のひとつ。

☎025-5543-2777（上越観光コンベンション協会・観桜会に関する問い合わせ） 交北陸自動車道・上越ICから約5.5km／えちごトキめき鉄道高田駅から徒歩15分 所新潟県上越市本城町44-1 料休見学自由 Pあり

夜桜がぼんぼりに照らされ周囲がピンク色に染まる幻想的な世界

高田城址公園観桜会

2025年に第100回を迎えた、高田城址公園を中心に開催されるお花見イベント。御城印の頒布や物産展、露店の出店、花火などで花見客をもてなし、夜桜の時間までゆっくり楽しめる。高田駅から城址公園周辺まで桜並木が点在しているので、ぼんぼりを頼りに各スポットを巡りたい。
期間 3月下旬～4月中旬

絵画のような
渓谷・峡谷

川のせせらぎを聞きながら森に分け入る。
水の滴り、緑葉の音に、心癒やされる。
あふれる緑と心地よい静寂。
新緑、紅葉、白銀と季節ごとに
別世界を楽しませてくれる。

富山県 MAP P.170 C-4

黒部峡谷
くろべきょうこく

トロッコで渡る真紅の鉄橋
日本一深いV字峡谷へ

宇奈月駅を出発したトロッコ電車が最初に渡る鉄橋「新山彦橋」。赤いアーチが黒部峡谷をまたぐように架かっている印象的なワンシーンでもある

行きたい時間
午前中から昼頃まで
始発の宇奈月駅から現在の終点・猫又駅往復は1日10本ほどある。往復2時間かかるので早めの時間帯がおすすめ

絵画のような渓谷・峡谷

> 黒部峡谷観光の代名詞トロッコ電車。黒部川沿いの全20.1kmの距離を片道約1時間20分で結ぶ。沿線では「秘境」の名にふさわしい大自然の景色を満喫できる。

黒部峡谷は清津峡(→P.82)、大杉谷(三重県)とともに「日本三大渓谷」のひとつ。飛騨山脈北部を立山連峰と後立山連峰に分断する大規模な峡谷で国の特別名勝、特別天然記念物に指定されている。黒部川の長期にわたる浸食によって日本一深いV字状の大峡谷を形成し、切り立った断崖やカエデ類、ブナ、ナラなどの原生林が生育する秘境でもある。ここを走るのが「黒部峡谷トロッコ電車」。2025年は期間限定で通常は作業員専用駅である猫又駅での下車が可能。日本で唯一駅名に「猫」がつく駅は、愛猫家必見。

レトロで貴重なトロッコ電車

トロッコ電車とは？どんな車両がある？知って乗るともっと楽しい！

黒部峡谷を走るトロッコ電車(→P.77)の客車にはオープン型の普通客車と窓付きのリラックス客車(乗車の都度追加料金600円)の2種類がある。また、客車だけではなく、機関車や工事用の物資を運ぶ貨物車など、鉄道ファンには興味深くうれしい車両も多い。自然のなかで鉄道の旅をたっぷり楽しめる貴重な時間を堪能しよう。

1 先頭を走る電気機関車のなかでも現在主力のEDR形
2 2019年から走っている最新のリラックス客車3100形

ACCESS
アクセス

- 新黒部駅
  ↓ 富山地方鉄道本線で30分
- 宇奈月温泉駅
  ↓ 徒歩5分
- 宇奈月駅

能登半島地震の影響により宇奈月駅から黒部峡谷トロッコ電車で猫又駅までの折り返し運行中(2025年3月現在)。北陸自動車道・黒部ICから宇奈月駅まで約14km

INFORMATION
問い合わせ先

黒部峡谷鉄道お客さまセンター
☎0765-54-2611

DATA
観光データ

所 富山県黒部市黒部峡谷口11 料 見学自由(トロッコ電車は別途乗車料) 休 12月〜翌4月上旬 P あり

BEST TIME TO VISIT
訪れたい季節

毎年10月下旬から11月中旬頃の紅葉シーズンがおすすめ。色づいた木々と黒部川のエメラルドグリーンのコントラストが美しく、トロッコ電車の車窓からの黒部峡谷の景色は圧巻。冬季は積雪により閉鎖されるが、冬のイベント電車が走る企画もある。

TRAVEL PLAN

黒部峡谷のハイライトはトロッコ電車の旅。始発の宇奈月駅周辺には展望台や遊歩道があり、峡谷の大自然をさまざまな角度から楽しめる。

黒部峡谷トロッコ電車
くろべきょうこくトロッコでんしゃ

平均時速16km / **大満足の渓谷旅**

MAP P.76-1

大正12年(1923)に開通。黒部峡谷の魅力を伝える車内放送は、地元富山県出身の女優・室井滋さんの素敵なナレーション。
☎0765-62-1011 交富山地方鉄道・黒部峡谷鉄道宇奈月駅下車 所富山県黒部市黒部峡谷口11 営8:00〜17:00運行(季節により変動) 休12月〜翌4月上旬 Pあり

往路で気づかなかった感動が復路で出会えるかも

COURSE

- **09:37** 宇奈月温泉駅
  ↓ 徒歩すぐ
- **09:42** 黒部峡谷トロッコ電車
  ↓ 徒歩13分
- **11:15** 想影展望台
  ↓ 徒歩15分
- **11:45** やまびこ遊歩道
  ↓ 徒歩10分
- **13:15** 宇奈月温泉総湯「湯めどころ宇奈月」
  ↓ 徒歩2分
- **15:30** 宇奈月温泉駅

黒部川の清流を眼下に一望できる人気スポット

真下には黒部川 / 目の前に温泉街

想影展望台
おもかげてんぼうだい

MAP P.76-2

スペインの建築家、故エンリック・ミラーレスが設計したユニークな展望台。大空に飛び立つ鳥の姿をイメージしている。
☎0765-54-2111 交富山地方鉄道・宇奈月温泉駅から徒歩10分 所富山県黒部市宇奈月温泉 開休料見学自由 Pあり

絵画のような渓谷・峡谷

鉄道跡から見る / トロッコ電車

旧山彦橋からトロッコ電車の通過を待ってみよう

やまびこ遊歩道
やまびこゆうほどう

MAP P.76-3

宇奈月駅から宇奈月ダムまで黒部川沿いに散策を楽しめる遊歩道。長さは約1kmで無理なく歩くことができる。
☎0765-54-2111 交富山地方鉄道・宇奈月温泉駅から徒歩3分 所富山県黒部市宇奈月温泉 開日没時まで 休11月末〜4月中旬 Pあり

洞窟のようなトンネルに冒険心がそそられる

足湯と飲泉所が1階にあり便利

宇奈月温泉総湯「湯めどころ宇奈月」
うなづきおんせんそうゆ「ゆめどころうなづき」

MAP P.76-4

温泉街の一角にある日帰り入浴施設。館内に観光案内所やフリースペースもある。
☎0765-62-1126 交富山地方鉄道・宇奈月温泉駅から徒歩3分 所富山県黒部市宇奈月温泉256-11 営9:00〜22:00 休第4火曜 料510円、小中学生250円 Pあり

駅や温泉街からのアクセスや営業時間帯がいい

富山県 MAP P.173 D-2

神通峡
じんづうきょう

神通川がつくり出す景観美
厳寒に赤い橋梁

行きたい時間帯

霧に包まれる早朝

雄大な山並みがつくり上げた美しい峡谷に早朝は霧が出る。幻想的な雰囲気のなか、橋のシルエットが印象的

> 自然がつくり出した雄壮で神秘的な景観は見る者を感動させる。峡谷を縫うように流れる川が季節ごとの風景を映し出す。

富山県を代表する景勝地として知られる神通峡は、富山市と岐阜県との県境に位置し、県定公園にも指定されている。その長さはおよそ15kmにもわたり、特に上流の寺津橋から吉野橋の間の「片路峡(かたじきょう)」と呼ばれるV字の切り立った峡谷が有名。初夏を彩る新緑の頃をはじめ、盛夏、錦織りなす秋、水墨画の世界を思わせる冬景色など、季節ごとの風景に出会える。神通川に沿った国道41号からは切り立った険しい谷が望め、ダム湖や庵谷峠展望台(いおりだにとうげてんぼうだい)など峡谷を一望できるスポットが点在した人気のドライブルートだ。

布尻楡原大橋の下流側には、こちらも赤い「観光橋」。両岸の緑とのコントラストが鮮やか

ACCESS
アクセス

富山駅
↓ 富山地鉄バスで1時間
庵谷バス停
↓ 徒歩30分
神通峡(神通峡 吉野橋)

神通峡 吉野橋から庵谷峠展望台まで約4.5km。公共交通機関はない。北陸自動車道・富山ICから約32km

INFORMATION
問い合わせ先

富山市観光政策課 ☎076-443-2072

DATA
観光データ

所 富山県富山市片掛(庵谷峠展望台)
開休料 見学自由 P あり

BEST TIME TO VISIT
訪れたい季節

ダイナミックな渓谷美を堪能できるの5月下旬〜6月にかけての新緑、10月下旬から11月初旬にかけて約2週間の紅葉がおすすめ。やわらかな雪に覆われた初雪の雰囲気もおすすめ。

神通峡を眺めながら湯浴み

楽今日館
らっきょうかん
MAP P.79

緑豊かな猿倉山の自然に抱かれた温泉宿泊施設。内湯のほか露天風呂もある。湯上がりの肌がなめらかになるアルカリ性の湯。
☎076-485-2800 ❖JR富山駅から車で40分
所 富山県富山市岩稲26-1 営 10:00〜22:00(12〜2月は〜21:00) 休 無休 P あり

絵画のような渓谷・峡谷

吉野橋から眺める秋の片路峡

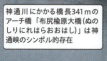

神通川にかかる橋 長341mのアーチ橋「布尻楡原大橋(ぬのしりにれはらおおはし)」は神通峡のシンボル的存在

新潟県 MAP P171 D-4

苗名滝
なえなたき

水しぶきを上げて落ちる
県境まで轟く「地震滝」

行きたい時間帯
虹が見られる午前中
午前中、条件がよければ朝日を受けて形の美しい虹のアーチを堪能できる。新緑・盛夏・紅葉の色彩とコラボ

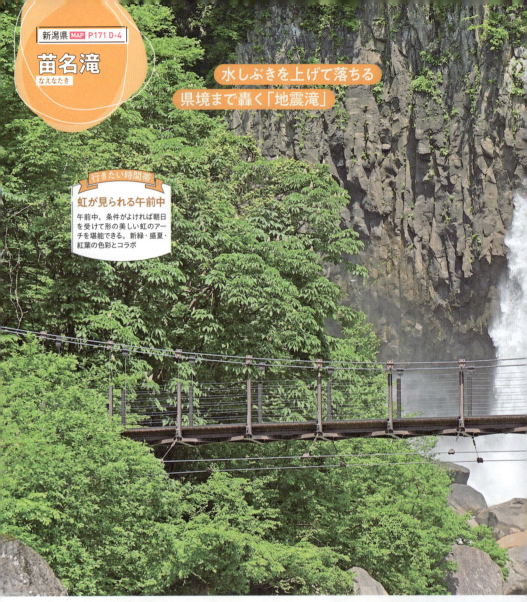

周辺の紅葉は例年10月中旬～下旬が見頃

周辺のスポット

いもり池
いもりいけ
MAP P.81
かつてイモリがたくさん棲みついていた池には晴れた日は妙高山が水面にくっきりと映る。☎0255-86-3911（妙高高原観光案内所）交上越自動車道・妙高高原ICから約3.5km 所新潟県妙高市関川 時休料見学自由 Pあり

一周の所要時間
15分ほどで散歩

四季折々の妙高山の様子が水面を通してわかる

> 滝から落ちる轟音が周囲の森に心地よく響き渡る。
> 遊歩道と雰囲気満点の吊り橋を渡り滝の直前まで行く。

約3万年前に黒姫山(長野県)の噴火により流れ出た安山岩の溶岩が関川をせき止め、新潟県と長野県の県境に小さな湖ができた。その後、その湖に水が溜まり天然のダムと化し苗名滝が生まれたと伝わる。滝までは遊歩道を歩き15分ほどであずま屋も整備。2ヵ所の階段と2本の吊り橋を渡り落差55m、幅10mもの豪快な滝のすぐそばまで行くことができる。滝は直瀑だが上流には二の滝、三の滝、四の滝があり全体的には段瀑の構成となっている。滝つぼ付近の展望ポイントでその迫力を体感したい。

妙高側に車を停めて遊歩道を歩き、橋を渡っていったん長野県に入る。川を見ながら上流を目指し15分ほどで到着する

絵画のような渓谷・峡谷

ACCESS
アクセス

妙高高原駅
↓ 妙高市営バス杉野沢線で26分
アルペンブリックスパバス停
↓ 妙高市営バス妙高山麓線で13分
苗名滝バス停

市営バス妙高山麓線は4月下旬〜11月上旬の期間運行のため、期間外は妙高高原駅から杉野沢線に乗り、杉野沢上バス停からアクセス。上越自動車道・妙高高原ICから約7.5km、駐車場から徒歩15分

INFORMATION
問い合わせ先

妙高高原観光案内所
☎0255-86-3911

DATA
観光データ

所 新潟県妙高市杉野沢2092 開休料 見学自由 P あり

BEST TIME TO VISIT
訪れたい季節

雪解けの水が大量に流れ込み水量が豊富な春は見応え抜群。夏は納涼スポット、紅葉の季節は滝と色づく周辺の木々とのコントラストが絶妙。苗名滝は森林セラピーロードに認定の「妙高高原自然歩道」のスタートとゴール地点で、散策しながら癒やし効果も期待できる。冬は通行禁止。

新潟県 MAP P.171 E-4

清津峡
きよつきょう

トンネルがまるごとアート
水鏡に映る芸術の聖地

行きたい時間

正午前後が狙い目

地理的にも日照時間が短く、11〜13時前のわずかな時間帯がおすすめ。トンネルのカーブと峡谷が水鏡にクリアに映る

マ・ヤンソン / MADアーキテクツ「Tunnel of Light」写真：Nakamura Osamu（大地の芸術祭作品）
提供：(一社)十日町市観光協会

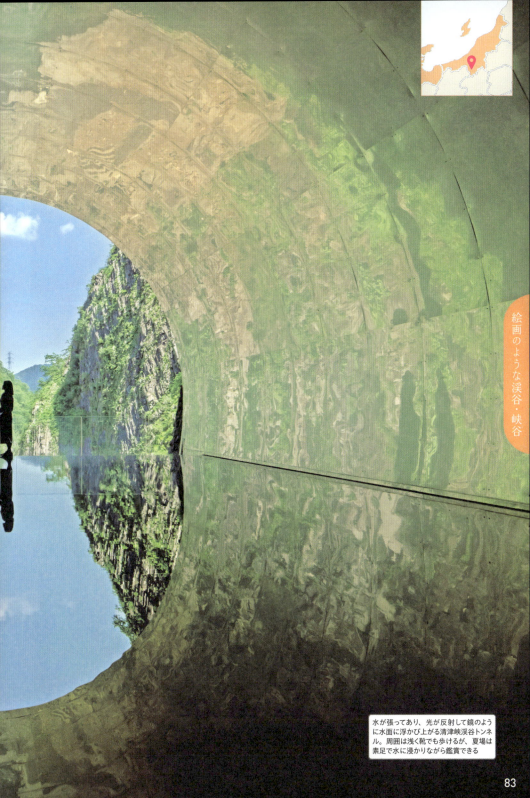

絵画のような渓谷・峡谷

水が張ってあり、光が反射して鏡のように水面に浮かび上がる清津峡渓谷トンネル。周囲は浅く靴でも歩けるが、夏場は素足で水に浸かりながら鑑賞できる

> V字形に切り立つ断崖と、エメラルドグリーンの清流が壮大なパノラマをつくり出す。
> 観光客のために造られた全長750mの清津峡渓谷トンネルがアート作品へと生まれ変わった。

　清津峡は黒部峡谷(→P.74)、大杉谷(三重県)と並び、日本三大峡谷のひとつ。峡谷を縫うように流れる川は、新潟・群馬県堺の白砂山(2140m)が源流の清津川でエメラルドグリーンに輝きながら流れる。この峡谷が有名になったのは平成30年(2018)の「大地の芸術祭」で清津峡渓谷トンネルを中国の建築家集団「マ・ヤンソン/MADアーキテクツ」がアート作品へと変貌させたことから。『Tunnel of Light』と呼ばれるアーティスティックな空間は国内外の人たちを感動させる。

「霧のしずく<火>」。火のように赤いバックライトで照らされた凸面鏡

マ・ヤンソン / MAD アーキテクツ
「Tunnel of Light」
写真：Nakamura Osamu
(大地の芸術祭作品)

モミジやウルシなどの木々が色づき柱状節理の周囲を鮮やかに彩る

ACCESS
アクセス

越後湯沢駅
↓ 南越後観光バス
　森宮野原線で30分
清津峡入口バス停

清津峡入口バス停から徒歩30分。関越自動車道・塩沢石打ICから約12.5km

INFORMATION
問い合わせ先

清津峡渓谷トンネル管理事務所
☎ 025-763-4800

DATA
観光データ

所 新潟県十日町市小出　開 8:30～17:00(最終入坑16:30)、12月～翌2月は9:00～16:00(最終入坑15:30)
休 なし(降雪状況により臨時休坑の場合あり) 1000円(大地の芸術祭期間中は別途、詳細は公式サイト確認)
P あり

BEST TIME TO VISIT
訪れたい季節

年間を通して訪れることができるが、なかでも美しい季節は峡谷の木々が少しずつ芽吹き、やさしい緑色がいきいきとした緑に変わる5月上旬。錦繍に染まった木々が輝く10月下旬～11月上旬。そして冬の装いと澄んだ空気がいっそう渓谷美を引き立てる12月下旬～3月上旬。

TRAVEL PLAN

壮大な自然とアーティスティックな時間を楽しんだあとは、大地の芸術祭の常設展示や関連する美術館、地元の名物・へぎそばを提供する店を訪ねたい。

COURSE

10:40	塩沢石打IC
↓	車で20分
11:00	清津峡渓谷トンネル
↓	徒歩1分
12:30	清津峡渓谷
↓	車で6分
13:15	磯辺行久記念 越後妻有 清津倉庫美術館[SoKo]
↓	車で10分
14:45	たくさんの失われた窓のために
↓	車で30分
18:00	塩沢石打IC

清津峡渓谷トンネル
きよつきょうけいこくトンネル

全長約750m　往復30〜40分

MAP P.84- 1

トンネルの入口にはカフェと足湯があり、奥まで進むと水が張ってあるパノラマステーション(水鏡)に到着する。

☎025-763-4800　🚗関越自動車道塩沢・石打ICから約12.5km　🏠新潟県十日町市小出癸2119-2　⏰8:30〜17:00(12〜2月は9:00〜16:00)　休無休　Ｐあり

奥に進むと渓谷の荘厳なV字の景観に出会える

清津峡
きよつきょう

清津川は豊かな雪解け水が流れ水量も多くダイナミック

絵画のような渓谷・峡谷

拠点施設として定期的に開館し企画展も随時開催

既存壁の内側に斬新な発想の壁

磯辺行久記念 越後妻有 清津倉庫美術館[SoKo]
いそべゆきひさきねん えちごつまり きよつそうこびじゅつかん[ソーコ]

MAP P.84- 2

"展示しながら、保管する"という新しい発想のもと、平成27年(2015)に旧清津峡小学校の体育館をリニューアル。

☎025-761-7767　🚗関越自動車道・塩沢石打ICから約11km　🏠新潟県十日町市角間未1528-2　⏰4月26日〜5月6日、7月19日〜11月9日のそれぞれ土・日曜、祝日(2025年の場合)、10:00〜17:00　Ｐあり

写真：Nakamura Osamu

「私の風景」のイメージを変える

たくさんの失われた窓のために
たくさんのうしなわれたまどのために

MAP P.84- 3

アーティスト内海昭子氏の"For lots of Lost Windows"。たなびくカーテンは訪れた人の心に陽の光や里山の風のそよぎを届ける。☎なし　🚗関越自動車道・塩沢石打ICから約19km　🏠新潟県十日町市桔梗原　休見学自由　Ｐあり

「たくさんの失われた窓のために」
内海昭子
写真：Nakamura Osamu

「驟雨がくる前に」「秋山記行」の自然科学的視点からの推考の試み -2」
磯辺行久
写真：Kioku Keizo

石川県 MAP P.172 C-2

鶴仙渓
かくせんけい

川のせせらぎに癒やされる
名物「川床」で雅なひととき

行きたい時間帯
昼が狙い目
陽射しが渓谷に差し込む正午頃が最も美しい。木々の緑と清流のコントラストが鮮やかに映える撮影スポット

奇岩怪石が点在する鶴仙渓は松尾芭蕉も訪れた名勝地。春は新緑、秋は紅葉を眺めながら川床で優雅なひとときを堪能

> 俳人・松尾芭蕉、明治時代の書家で三筆の一人、日下部鳴鶴ら多くの文人墨客が愛してやまなかった山中温泉の逗留先。

大聖寺川が長い年月をかけて削り出した北陸が誇る渓谷の秘宝。こおろぎ橋から黒谷橋に至る1.3kmの渓流沿いには遊歩道が整備され、訪れる人々をやさしく迎える。桜が咲く春、涼やかな夏の深緑、燃えるような秋の紅葉、そして厳かな冬の雪景色と、四季折々の表情を見せる渓谷に魅了される。渓谷美と豊かな自然に魅せられ、散策や写真撮影を楽しむ国内外からの観光客で年間を通じて賑わう人気スポットだ。展望スペースからは、渓流の絶景を心ゆくまで楽しめる。

ユニークなS字型のあやとりはし。九谷五彩イメージしたライトアップ「KAKUSENKEILIGHT」も開催

絶景と味わう至福の時

鶴仙渓川床
かくせんけいかわどこ
MAP P.87

清涼な空気と渓流のせせらぎに包まれながら、山中温泉出身の道場六三郎氏監修の特製スイーツと加賀棒茶を楽しめる癒やしの空間。

☎0761-78-0330（山中温泉観光協会）　交北陸自動車道・加賀ICから車で17分　所石川県加賀市山中温泉 あやとりはし付近　開9:30〜16:00（川床営業は4月1日〜11月30日）　休期間中無休　P あり

ACCESS
アクセス

金沢駅
↓ IRいしかわ鉄道線で52分
大聖寺駅
↓ 北鉄加賀バス山城大聖寺線で34分
山中温泉バスターミナル

山中温泉バスターミナルからあやとり橋まで徒歩8分。自動車の場合は加賀ICから約17分。

INFORMATION
問い合わせ先

山中温泉観光協会　0761-78-0330

DATA
観光データ

所石川県加賀市山中温泉河鹿町　料見学自由（川床は別途）　開休 P あり

BEST TIME TO VISIT
訪れたい季節

新緑の5月から紅葉の11月が特におすすめ。夏場は清涼感あふれる渓谷美を、冬には雪景色を堪能できる。紅葉シーズンは早朝から夕暮れまで、光の移ろいとともに変化する景色に魅了される。また、ライトアップされる期間は渓谷の幻想的な夜景が広がる。

絵画のような渓谷・峡谷

富山県 MAP P.173 D-2
庄川峡
しょうがわきょう

遊覧船にのんびり揺られ
山懐に抱かれた秘境へ

行きたい時間帯
昼から夕方まで
「庄川峡遊覧船」は大牧温泉コース（往復約60分）と長崎橋周遊コース（約25分）があり1日4便で最終便は各16時前後

絵画のような渓谷・峡谷

庄川は砺波平野を潤し富山湾に注ぐ北陸有数の大きな川。この川の小牧ダムから上流が見応えのある庄川峡

> 富山県西部を流れる庄川流域の風景は庄川峡遊覧船のクルージングで堪能できる。
> 手つかずの自然のスケール感は圧倒的で、木々が雪をまとう水墨画のような厳寒期もいい。

上流は岐阜県北部から富山県西部へと流れ、富山湾に注ぐ一級河川の庄川。17基のダムがあり小牧ダムから上流にある庄川峡が景勝地として有名。ダム湖の色がエメラルドグリーンに見えるのは、流域が緑色の凝灰岩（グリーンタフ）で底の色が映るから。季節や一日のなかでも緑色の濃淡が変わり、そこに新緑や紅葉がコラボして美しい風景を彩る。大型の遊覧船は秘湯・大牧温泉と小牧ダムの間を通年で運航。かつての吊り橋の遺構や赤い色がシンボルの利賀大橋も船中から見ることができる。

船でしか行けない秘境の宿

遊覧船に揺られて30分、陸路のない温泉宿に宿泊

庄川峡は希少な泉質の温泉が湧き、なかでも峡谷の岸壁にたたずむ大牧温泉は船でしか行くことができない秘境の宿として人気。海鮮と季節の山の幸を使った会席料理が味わえる。
☎0763-82-0363 交小牧港から遊覧船で約30分 所富山県南砺市利賀村大牧44 開休館日なし Pなし

1 遊覧船乗り場から宿までは約30分のクルーズ／**2** TVのロケ地で有名になった峡谷の岸壁にたたずむ温泉／**3** 内湯の大きな窓から四季折々の景色を望める／**4** 秘湯感たっぷりの川に面したテラス風呂

ACCESS
アクセス

富山駅
↓ あいの風とやま鉄道で20分
高岡駅
↓ 加越能バス小牧線で1時間20分
湯谷口バス停

湯谷口バス停から徒歩4分。北陸自動車道・砺波ICから約12km

INFORMATION
問い合わせ先
庄川峡観光協同組合
☎0763-82-5696

DATA
観光データ
所富山県砺波市庄川町小牧73-5
開休料見学自由（庄川峡遊覧船は別途）Pあり

BEST TIME TO VISIT
訪れたい季節

庄川峡は年間を通して訪れることができ、峡谷美を楽しめる。新緑のさわやかな季節をはじめ、ブナやイチョウの葉が黄色や褐色に、トチノキやモミジの葉が赤色になり、鮮やかに混ざり合う紅葉の時期は圧巻。冬の雪景色は幻想的で一度は見てみたい。

TRAVEL PLAN 🚗

クルージングを楽しんだあとは、周辺の観光スポットへ足を延ばす。井波彫刻発祥の寺院を訪ね、"となみブランド認定品"の鮎料理を堪能する。

COURSE

10:00	砺波IC
↓	車で24分
10:30	庄川峡湖上遊覧船
↓	車で9分
11:45	真宗大谷派(東本願寺)井波別院 瑞泉寺
↓	徒歩2分
13:00	まちの駅よいとこ井波
↓	車で15分
14:00	砺波IC

庄川峡湖上遊覧船
しょうがわきょうこじょうゆうらんせん
MAP P.90-1

湖上から眺める秘境の峡谷美

庄川峡巡る遊覧船。短時間で遊覧する「長崎橋周遊コース」と、大牧温泉を、巡る「大牧温泉コース」の2コースがある。

📞0763-82-0220 🚌JR新高岡駅から加越能バスで小牧バス停下車すぐ 📍富山県砺波市庄川町小牧73-5 🕗8:30〜17:00 無休 🅿あり

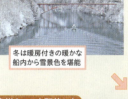
紅葉が大パノラマで楽しめる秋のクルージング

冬は暖房付きの暖かな船内から雪景色を堪能

真宗大谷派(東本願寺)井波別院 瑞泉寺
しんしゅうおおたには(ひがしほんがんじ)いなみべついん ずいせんじ
MAP P.90-2

日本一の彫刻の技術を誇る伝統的工芸品「井波彫刻」を施した浄土真宗の布教の拠点として明徳元年(1390)に開創された寺院。

📞0763-82-0004 🚗北陸自動車道・砺波ICから約9km 📍富山県南砺市井波3050 🕗9:00〜16:30 無休 🅿なし

絵画のような渓谷・峡谷

多様なノミを使した繊細な技が特徴
竜や獅子など空想の生き物と花鳥風月がコラボ

本堂は木造建築物としては国内でも有数の大きさ

LUNCH

鮎料理の店 鮎の里
あゆりょうりのみせ あゆのさと
MAP P.90-4

新鮮な鮎を贅沢に振る舞う

庄川膳3850円。鮎づくしのコース料理が味わえる

📞0763-82-7110 🚗北陸自動車道・砺波ICから約9.5km 📍富山県砺波市庄川町金屋2131-6 🕗11:00〜15:00 16:30〜20:00 休鮎シーズンは無休 🅿あり

まちの駅よいとこ井波
まちのえき よいとこいなみ
MAP P.90-3

石畳の八日町通りにあり、売店や彫刻工房などが入っている。彫刻師の作業を間近で見られ、奥には池波正太郎ふれあい館がある。

📞0763-82-5666 🚗北陸自動車道・砺波ICから約9km 📍富山県南砺市井波3110-1 🕗10:00〜17:00 休火曜(店舗により異なる) 🅿なし

地元の伝統工芸品などを旅のみやげに

石畳の門前町に井波の観光拠点

井波彫刻を制作する工房からは木の香りが漂う

庄川峡に架かる赤い利賀大橋は国道471号。遊覧船からは最大のビューポイントになる

富山県 MAP P.173 E-1

千巌渓
せんがんけい

野趣あふれる岩々が並ぶ
無数の滝が織りなす神秘

行きたい時間帯
夏場は早めに
千巌渓のある日石寺は、朝の神聖な冷気に包まれながら心静かに参拝したい。門前町では名物のそうめんが楽しめる

周辺のスポット

おおかみこどもの花の家
おおかみこどものはなのいえ

MAP P.93
映画の舞台モデルとなった明治の古民家。懐かしい温もりを体験できる空間。
☎076-472-1515（上市町観光協会） 交北陸自動車道・立山ICから約9.5km 所富山県上市町浅生18 時9:00〜17:00 休無休 Pなし

映画の舞台モデル
癒やしの世界観

明治の面影が残る古民家、映画の世界に浸る

日石寺境内の六本滝では、六欲煩悩を清めるという貴重な滝行体験ができる

> 渓谷美の極み、大岩川が刻んだ奇岩怪石が連なる。
> 悠久の時を経て育まれた苔の楽園が訪れる人を魅了する。

富山県を代表する景勝地・千巌渓。「百滝渓」の別名を持ち、その名のとおり大岩川沿いにさまざまな姿の滝が連続して現れる。東西約200mの狭い流域に妹背岩をはじめ点空石、炉壇石、鯉梯石など風趣あふれる岩石が点在する。約1600万年前の火山砕屑岩で形成された奇岩群は、日本海拡大の過程を物語る貴重な地質遺産でもある。平成30年(2018)に日本蘚苔類学会により「日本の貴重なコケの森」に選定され、令和3年(2021)には富山県うるおい景観とやま賞を受賞している。

絵画のような渓谷・峡谷

大岩川沿いに広がる渓谷美は県内随一。巨岩が織りなす絶景と清らかな流れが訪れる人の心を癒やす特別な景勝地

ACCESS
アクセス

電鉄富山駅
↓ 富山地方鉄道本線で30分
上市駅
↓ 町営バス柿沢・大岩行きで23分
大岩バス停

JR富山駅から電鉄富山駅まで徒歩3分。町営バスは運行本数が少ないため注意。大岩バス停から大岩山日石寺まで徒歩3分。北陸自動車道・立山ICから約8km

INFORMATION
問い合わせ先
上市町観光協会 ☎076-472-1515

DATA
観光データ
所 富山県上市町大岩 開休料 見学自由
P あり

BEST TIME TO VISIT
訪れたい季節

春は新緑、夏は涼やかな渓流と苔の緑、秋は紅葉、冬は厳かな岩肌と雪景色と、四季折々の表情を見せる。朝日に輝く岩肌が幻想的な光景を描き、ゆっくりと散策も楽しめる。

足羽川渓谷
あすわがわけいこく

福井県 MAP P.172 C-3

初夏に賑わう遊歩道
緑したたる森から森へ

行きたい時間帯
空気の澄んだ午前中
一日がはじまるすがすがしい時間帯がおすすめ。生い茂る木々の間から差し込む朝日と川のせせらぎに癒やされる

絵画のような渓谷・峡谷

樹木の生い茂る渓谷に架かるかずら橋。人が歩くと揺れが起こるため、抜群のスリルが味わえる

> 「かずら橋」と「ふれあい橋」の2つの吊り橋を中心に全長4kmの自然歩道が延びる。
> 趣向を凝らしたコースには吊り橋や立ち寄り温泉やグルメスポットも揃っている。

福井県池田町にある足羽川渓谷。里山の懐かしさが感じられる「ときめぐりコース」、アップダウンのある「山と川の冒険コース」、おいしいおやつがある「池田のこびり(おやつ)コース」、気軽に歩ける「家族のんびりコース」の4つのトレッキングコースが整備され充実している。所要時間は約40〜80分ほど。各コースが紹介されている詳しい遊歩道のトレッキングルートマップは「そばの郷池田屋」の敷地内でかずら橋のたもとにある水車小屋に用意してあるので現地に到着してから気になるコースを歩いてみよう。

足にやさしい木道や階段などバラエティに富んだコースで楽しく歩くことができる

「山と川の冒険コース」の途中にある"かずら橋"。恋愛のパワースポットになっている

ACCESS
アクセス

福井IC
↓ 国道158号、県道2号、国道476号で約32km

かずら橋

JR福井駅から池田町コミュニティバスを乗り継いで向かう方法もあるが、車でのアクセスが望ましい。北陸自動車道・武生ICから約23km、鯖江ICから約24km

INFORMATION
問い合わせ先

(一財)池田屋DMO準備室
☎0778-44-8060

DATA
観光データ

所 福井県池田町志津原〜土合皿尾
休 見学自由(積雪時や川が増水しているときは通行を控える) P あり

BEST TIME TO VISIT
訪れたい季節

福井県内でも豪雪地帯の池田町。トレッキングコースは冬を除く春〜秋に訪れたい。春は足羽川の川沿いに約600本、2.2kmにわたり桜並木が続き、夏は森をまるごと楽しめるアクティビティが人気。秋は紅葉に彩られたロマンティックな恋愛のパワースポットになる。

TRAVEL PLAN

約9割が森林という自然環境の池田町。立地を生かしたトレッキングルートや、街の暮らしや食文化を体感できるスポットが充実している。

COURSE

13:00	武生IC
↓	車で30分
13:30	かずら橋
↓	徒歩20分
14:00	足羽川渓谷
↓	徒歩20分＋車で1分
15:00	道のオアシス フォーシーズンテラス
↓	車で7分
14:00	guesthouse&cafe ココラカラ
↓	車で20分
15:30	武生IC

かずら橋
かずらばし
MAP P.96-1

足羽川を真下に / 吊り橋の醍醐味

全長44m、高さ12mのカズラのつり橋が足羽川渓谷に架かる。橋の上で愛を誓うと永遠に幸せになると伝わる。

☎0778-44-6878(そばの郷 池田屋) 交北陸自動車道・武生ICから約20km 所福井県池田町土合皿尾14-7-1 営9:00～17:00(3月下旬～12月上旬のみ通行可能) Pあり

踏み板のすき間が広く、揺れる感触がスリル抜群

足羽川渓谷
あすわがわけいこく

中州の砂礫地には季節ごとに野鳥が羽を休めにやってくる

道のオアシス フォーシーズンテラス
みちのオアシス フォーシーズンテラス
MAP P.96-2

川沿いで緑豊かな / くつろぎのとき

かずら橋からほど近い観光交流施設。約2.5haという広大な敷地に、ウッドデッキや芝生広場など自然を感じられる施設が点在する。

☎0778-44-6060 交北陸自動車道・武生ICから約20km 所福井県池田町志津原15-1 営9:00～17:00 休木曜(祝日は営業) Pあり

地元の特産品を揃えるセンターハウス

池田町の食材を使ったランチなども提供

guesthouse&cafe ココラカラ
ゲストハウス＆カフェ ココラカラ
MAP P.96-3

畑や山で採れる / 安心素材のみ

古民家を改修してカフェ兼ゲストハウスを営業。山々と田んぼが美しい風景で自然菜食料理をボリューム満点で提供している。

☎なし 交北陸自動車道・武生ICから約15km 所福井県池田町板垣52-6 営11:00～13:30(予約制) 13:30～16:00(カフェタイム) 休土～水曜 Pあり

動物性食材は一切不使用のカフェメニューが充実

LUNCH

創業60年の塩だしそば
そば処 一福
そばどころ いっぷく
MAP P.96-4

おろしそば塩だし900円は10年かけてつくった絶品つゆ

☎0778-44-6121 交北陸自動車道・武生ICから約17km 所福井県池田町34-24-1 営11:00～15:00(そばがなくなり次第終了) 休火曜 Pあり

池田町は自然環境が豊か。普段見かけない野草を間近で観察しながら森林浴を楽しむことができる

絵画のような渓谷・峡谷

97

立山黒部アルペンルート
たてやまくろべアルペンルート

富山県立山町

世界屈指の山岳ルート
息もつかせぬ風光の連続

黒部ダム
くろべダム
MAP P.101

そのスケールに圧倒
日本屈指の巨大ダム

高さ186mの日本一高いアーチ式ダム。関西電力の黒部川第四発電所のダムのため、通称は「くろよん」。総貯水量は約2億m³に及ぶ。夏から秋に行われる、迫力満点の観光放水が特に人気を呼んでいる。

🚃扇沢から関電トンネル電気バスで16分／立山駅から立山ケーブルカー、立山高原バス、立山トンネル電気バス、立山ロープウェイ、黒部ケーブルカーを乗り継いで黒部湖駅まで約3時間。黒部湖駅からすぐ
🏠富山県立山町 🗓観光期間4/15〜11/30 💴見学無料

98

展望台からダムの全景や北アルプスが見渡せ、放水の様子が見下ろせる。黒部ダム駅の構内から220段の階段を上ると到着。野外階段を下りれば、さまざまな高さから眺望できる

絵画のような渓谷・峡谷

MAP P.173 E-2

電気バスやケーブルカーに乗り、北アルプスの山懐へ。雲上でしか味わえない絶景が待っている

長野県大町市と富山県立山町を結び、北アルプスを貫く山岳観光ルート。3000m級の峰々が眼前に迫る高地へ、乗り物を使って気軽に行ける。移動に使う個性的な乗り物の数々も魅力。春は巨大な雪の壁、夏は高山植物の花畑、秋は紅葉と、季節により違った楽しみがある。種類豊富な乗り物に乗れるのも、立山黒部アルペンルートならではの楽しみ。アルプスが眼前に迫るロープウェイの眺望も魅力的。乗り物にもこだわって旅のプランを立ててみよう。

ACCESS アクセス

信濃大町駅
↓ 路線バス 18km・35分
扇沢駅

マイカー規制区間の扇沢～立山駅間の交通費は1万940円

INFORMATION 問い合わせ先

くろよん総合予約センター（扇沢～黒部ダム間）
☎0261-22-0804
立山黒部総合案内センター（黒部湖～立山駅間）
☎076-481-1500

称名滝
しょうみょうだき
MAP P.101

雪解け水が流れ込む
落差日本一の名瀑

落差は350m。4段に流れ落ちる大瀑布の飛沫と周辺の緑が、清涼感を感じさせる。

☎076-481-1500（立山黒部総合案内センター）🚃富山地方鉄道・立山駅から称名滝探勝バスで15分、称名滝下車、徒歩30分
📍富山県立山町芦峅寺 💴無料
散策自由

黒部平
くろべだいら
MAP P.101

雄大な立山と後立山
庭園や植物園を散策

標高1828mの開けた台地・黒部平。東西に立山連峰と後立山連峰を見晴らすビューポイント。駅周辺には黒部湖を望む庭園や約100種の花々が植えられた高山植物園があり、湧水が喉をうるおしてくれる。

🚃扇沢から関電トンネル電気バス、黒部ケーブルカーを乗り継いで約40分／立山駅から立山ケーブルカー、立山高原バス、立山トンネル電気バス、立山ロープウェイを乗り継いで1時間20分

100

鏡面に山々が映る
室堂を代表する風景

みくりが池
みくりがいけ
MAP P.101

6月になると池の雪が解け始め、穏やかな日は立山三山を映し出す。水深は日本アルプスで最も深い。周辺には池を周回する遊歩道が設けられている。
🚶 室堂ターミナルから徒歩15分

大観峰駅の眼下に広葉樹の森が広がる傾斜地「タンボ平」

巨大な雪の壁が間近に

春になると圧巻の雪の壁がそびえ立つ「雪の大谷」。4月中旬～6月下旬に、道路の片側が歩行者用通路として開放される。室堂ターミナルから徒歩5分。間近でその迫力を感じてみたい。
📞 076-481-1500（立山黒部総合案内センター）🚶 室堂ターミナルから徒歩5分（立山有料道路500mほどの区間）⏰ 4月中旬～6月下旬 9:30～15:00 💴 無料（申込不要）

春に現れる雪の大谷。室堂でしか見ることのできない特別な光景

絵画のような渓谷・峡谷

101

TRAVEL PLAN

アルペンルートから少し外れた場所にある日本一の落差を誇る名瀑・称名滝。滝までのハイキングを楽しんだらおなかを満たして、迫力の大断崖も観賞しよう。

COURSE

10:50	立山駅	車で11分＋徒歩15分
11:20	大日岳登山口	徒歩10分
11:30	称名滝	徒歩1分
11:30	滝見台園地	徒歩17分
12:00	レストハウス称名	車で6分
13:00	悪城の壁	車で11分
13:15	立山駅	

大日岳登山口
だいにちだけとざんぐち
MAP P.101-①

大日岳から室堂まで続く登山道のスタート地点。アルペンルート開通以前は室堂を目指す多くの人が利用したコース。

☎076-462-9971(立山町商工観光課) 交称名平駐車場から徒歩15分 所富山県立山町芦峅寺 開休称名道路桂台以降5月上旬〜11月7:00〜18:00(7〜8月6:00〜19:00) Pなし

登山道の起点から プチ登山のスタート

今でも登山家の間で親しまれる静かなコース

称名滝
しょうみょうだき

滝は称名橋や滝見台園地から観賞する

滝見台園地
たきみだいえんち
MAP P.101-②

大迫力の称名滝を、正面から間近で眺められる展望台。運が良ければさらに落差の大きい幻の滝・ハンノキ滝も見られる。

☎076-462-9971(立山町商工観光課) 交称名平駐車場から徒歩25分 所富山県立山町芦峅寺 開休称名道路桂台以降5月上旬〜11月7:00〜18:00(7〜8月6:00〜19:00) Pなし

滝に最も近い 遊歩道の終点

立山連峰の雪解け水が流れるハンノキ滝は春限定

レストハウス称名
レストハウスしょうみょう
MAP P.101-③

称名滝ハイクの 拠点となる休憩所

山の緑や紅葉を眺めながらソフトクリームなどの軽食を。無料の杖の貸し出しもあるので、出発前に立ち寄っても。

☎076-481-1821 交称名平駐車場から徒歩2分 所富山県立山町大日 開4月下旬〜11月下旬10:00〜15:00 休期間中無休 P称名平駐車場利用

歩き疲れた体にソフトクリームや温かい麺類が染みる

悪城の壁
あくしろのかべ
MAP P.101-④

立山火山の噴火でできた溶岩の大地が称名川に削られた、高度約500mの岩盤。一枚岩盤としては日本一の高さを誇る。

☎076-462-9971(立山町商工観光課) 交立山駅から車で11分 所富山県立山町芦峅寺 開休見学自由 P悪城の壁展望台駐車場利用

立山駅へバス利用の場合も車窓から楽しめる

難攻不落の城に 見立てられる大断崖

立山黒部アルペンルートでは環境保護に配慮されたロープウェイやケーブルカーで移動する

紅葉の時季には赤く染まった木々と称名滝の競演が見られる

幻想的な棚田・雲海

朝もやに浮かぶ木々と棚田、
滝つぼのように見える雲の切れ間。
気温、湿度、風の強さ、そして運。
出現する条件が揃ったとき
またとない瞬間に出会える。

福井県 MAP P.172 C-3
越前大野城
えちぜんおおのじょう

悠久の時を知らせて姿を現す
天空に浮かぶ平山城

行きたい時間帯

雨後の早朝を狙って

10月中旬〜4月上旬の早朝、特に雨上がりの明け方頃の雲海出現率が高い。午前8時頃には雲海が消えていく

幻想的な棚田・雲海

標高249mに建つ城の眼下には北陸の城下町が広がる。街が雲海で見えなくなると越前大野城全体が浮かび上がるように出現する異空間が味わえる

> 「越前おおの」と親しみを込め、長年にわたって越前大野のシンボルとして愛され続ける。円を描くように全長約8kmの城壁が山の稜線や斜面をめぐっている美しい城。

越前大野城は織田信長の勢力のあった安土桃山時代の天正8年(1580)頃に完成し、江戸時代中期の安永4年(1775)に焼失。現在の天守は昭和43年(1968)に再建されたもの。この城が"天空の城"として一躍有名になったのは地元のアマチュアカメラマンが平成24年(2012)に撮影した一枚から。以前より「竹田城跡(兵庫県朝来市)」が天空の城として有名で、条件次第で同じような雲海に浮かぶカットが撮れるのではとさまざまな場所を巡り成功。以来、多くの人たちを魅了し続けている。

見どころ豊富な城内へ
遠くから眺めるだけじゃない！越前大野城の魅力を発見

雲海に浮かぶ天空の城として有名な越前大野城だが城内も見逃せない。昭和43年(1968)に絵図や同時代の城を参考に鉄筋コンクリート造によって再建。場内には戦国時代の築城資料や平成に発掘された遺物などを展示し、大名が使っていた道具がある。また、旧二の丸には重臣の屋敷跡の田村家や内山家なども残り、七間通りでは江戸時代の町割を見られる。8月のお盆期間は城祭りのイベントも開催している。

1 4階の展望室は昼過ぎになると家紋などの影絵が壁面に浮かび遊べる／**2** 3階の展示コーナーは大野城周辺の出土品などを出典／**3** 3階と4階をつなぐ23段の階段アートは「うさぎ」が天空の城へ誘う映えスポット

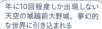

ACCESS
アクセス

福井駅
↓ JR越美北線(九頭竜線)で57分
越前大野駅
↓ 京福バス大野線で5分
鍬掛バス停

越前大野城へは越前大野駅下車、登城口まで徒歩20分。山頂までは徒歩10〜20分。雲海を見る戌山城址へは鍬掛バス停から鍬掛登山道で徒歩30分。中部縦貫自動車道・大野ICから越前大野城 登城口まで約5.5km

INFORMATION
問い合わせ先
大野市観光交流課 ☎0779-66-1111

DATA
観光データ
所 福井県大野市城町3-109 開 9:00〜17:00(10・11月は〜16:00) 休 無休(12月〜3月は冬期休館) 料 越前大野城300円、中学生以下無料 P あり

BEST TIME TO VISIT
訪れたい季節
幻想的な絶景を見るチャンスは11月がいちばん濃厚。年に10回程度しか天空の城は出現しないが、そのなかでも気温や湿気、風などさまざまな条件が重なり合う時のみ。

> 年に10回程度しか出現しない天空の城越前大野城。夢幻的な世界に引き込まれる

> LEDの光で越前大野城をライトアップ。山上に浮かび上がり幻想的な雰囲気を出している

> 越前大野城天守閣からの眺め。北陸の小京都と呼ばれる市街地を一望できる

TRAVEL PLAN

越前大野城以外にも歴史あふれる魅力的なスポットがたくさんある越前おおの。「天空の城」を狙うなら、前日から近隣に泊まって早朝の登山が必須。

戌山城址
いぬやまじょうし
天空の城入口　市指定文化財

MAP P.107-①

天空の城を撮影する絶好のスポットの戌山城址。登山道を登り、標高300mの南出丸下から越前大野城を見ることができる。

📞0779-66-1111　🚗中部縦貫自動車道・大野ICから約7km　📍福井県大野市犬山　💴見学自由　🅿なし

撮影場所へは約20分。ロマンを感じながら登ろう

COURSE

05:45	越前大野駅
	車で7分＋登山20分
06:30	戌山城址
	車と徒歩(遊歩道)で50分
09:30	越前大野城
	徒歩11分
11:30	武家屋敷旧田村家
	徒歩7分
14:00	gelateria CICCI
	徒歩13分
15:30	越前大野駅

武家屋敷旧田村家
ぶけやしききゅうたむらけ

MAP P.107-②

大野藩家老・田村又左衛門家の屋敷跡(市指定文化財)で、江戸時代の文政10年(1827)に建てられた母屋は県内でも数少ない武家住宅のひとつ。

📞0779-65-6212　🚊JR越前大野駅から徒歩20分　📍福井県大野市城町7-12　🕘9:00〜16:00(日曜・祝日は〜17:00)　💤火曜(祝日の場合は翌日)　🅿あり

レトロな雰囲気が人気の武家屋敷「旧田村家」

期間限定のカラフルな風車棚は映えスポット

色鮮やかな景色　風車の涼やかな音

越前大野城
えちぜんおおのじょう

大野盆地にある標高249mの亀山に築かれた平山城

本格イタリアン　ジェラート専門店

季節限定のフレーバーも。シングルは450円〜

gelateria CICCI
ジェラテリア チッチ

MAP P.107-③

地元のおいしい水で育った新鮮な野菜やフルーツを使用。休憩スペースも充実。

📞0779-69-1082　🚊JR越前大野駅から徒歩13分　📍福井県大野市元町3-20　🕘10:00〜16:00　💤水・日曜　🅿あり

幻想的な棚田・雲海

新潟県 MAP P.171 F-4
枝折峠
しおりとうげ

白雲が尾根に手をかける
大瀑布のような臨場感

大湯温泉から銀山平温泉へと続く国道352号沿いにある峠。車で行くことができ、道路脇から幻想的な雰囲気が楽しめる

9月下旬〜10月中旬が最も昼夜の寒暖差が大きいため滝雲が発生しやすい

周辺のスポット

赤城山西福寺（開山堂）
せきじょうさんさいふくじ（かいさんどう）
MAP P.109

安政4年(1857)、23世蟠谷大龍大和尚により建立。幕末に新潟県で活躍した彫物の名匠・石川雲蝶の作品がある。

📞025-792-3032 🚗関越自動車道・魚沼ICから約5km 📍新潟県魚沼市大浦174 🕘9:00〜15:30(冬期10:00〜15:00) 休無休(冬期平日は要予約) Pあり

石川雲蝶は日本のミケランジェロ

天井一面の「道元禅師猛虎調伏の図」は大迫力

ウォッチングスポットは7カ所。雲の状態で移動したい。周囲には明かりがないので夜は満天の星を観賞できる。

新潟県魚沼市にある枝折峠は、ここ数年来「滝雲」が見られると話題のスポットになっている。峠から車で20分ほど麓にある奥只見湖や、キャンプ場もある景勝地・銀山平から発生した霧が雲海となって山の稜線を勢いよく流れ落ちる滝のように見える。ベストシーズンは6月下旬から11月上旬で、前日からの気温差が大きい日、適度な風があるなど気象条件が合うとファンタジーの世界が目の前に広がる。峠は国道352号沿いにあり、付近には駐車場やトイレも。枝折峠山頂から越後駒ヶ岳への登山口にアクセス可能だ。

幻想的な棚田・雲海

行きたい時間帯
日の出と雲海を一緒に
早朝に奥只見湖や銀山平で発生した霧が雲海となり、山の稜線を越え滝のように流れ落ちる。初夏から晩秋がチャンス

ACCESS アクセス
魚沼IC
↓ 国道352号などで約26km
枝折峠(駐車場)

枝折峠へは毎年11月上旬～翌6月下旬頃まで冬季通行止め。雲海の見頃となる9月中旬～11月上旬には「うおぬま滝雲シャトルバス」が運行。「銀山平温泉 白銀の湯」と「大湯公園」それぞれの駐車場から、土・日曜、祝日限定で約20～40分間隔で運行(2024年度の情報)

INFORMATION 問い合わせ先
魚沼市観光協会 ☎025-792-7300

DATA 観光データ
所 新潟県魚沼市灰の又～銀山平
開休 見学自由(冬期は一部区間で通行規制あり) P あり

BEST TIME TO VISIT 訪れたい季節
9月下旬～10月中旬がおすすめ。昼夜の寒暖差が大きいと、滝雲が発生しやすく、時間は日の出から朝の8時頃まで。また10月下旬は紅葉も始まるので、滝雲と紅葉の両方を楽しめる。週末や10月は駐車場が混雑するため余裕をもってアクセスしたい

109

石川県 MAP P.170 A-3

白米千枚田
しろよねせんまいだ

朝日を映し、夕日に照る
能登を象徴する原風景

行きたい時間帯

日没前後を狙って
夕方の日没前後がおすすめの時間帯。夕暮れどきは日本海に沈む夕日が棚田に反射しあたり一面がオレンジ色に染まる

4月下旬から棚田に水が入り、5月上旬に田植えが始まる。水鏡のようにキラキラと光る棚田は田植えの時期だけの絶景

> 日本初の世界農業遺産「能登の里山里海」として認定（2011年）。世界で9番目の快挙だ。地域の宝がもう一度、千枚の輝きを取り戻すことが復興の希望となっている。

2024年1月に発生した能登半島地震と同年の奥能登豪雨でおよそ8割の田んぼに亀裂が入るなど大きな被害を受けたが、地元の農家やボランティアが力を合わせ再整備。一年を通しての棚田での農作業が復興への力を与え、規模を縮小して5月中旬に田植え、9月上旬に手作業での稲刈りが行われた。棚田は国指定の名勝で、佐渡市の「トキと共生する佐渡の里山」とともに日本初の世界農業遺産に認定されている。塗り上げられた畦が幾何学模様のような棚田は、四季折々に多彩な表情をみせてくれる。

夏は生長した稲が棚田全体を緑の海にし、空と日本海の青、緑の棚田のコントラストが絶妙

秋は棚田が黄金色に。刈り取った稲は天日で乾燥させる「はざかけ」を行い絶品の米になる

幻想的な棚田・雲海

ACCESS
アクセス

金沢駅
↓ 北鉄奥能登バス輪島特急線で2時間50分
輪島駅前バス停
↓ 北鉄奥能登バス町野線で20分
白米千枚田バス停

町野線は1日3便のため乗り継ぎの待ち時間を考慮する必要あり。公共交通機関は能登半島地震の影響により一部運休や臨時ダイヤでの運行のため、公式サイトで要確認。能越自動車道・のと里山空港ICから約25km

INFORMATION
問い合わせ先
輪島市産業部観光課
☎0768-23-1146

DATA
観光データ
所 石川県輪島市白米町99-5 開休料 見学自由 P あり
※令和6年能登半島地震の影響により、道路状況、営業状況が現況と異なる場合があります

BEST TIME TO VISIT
訪れたい季節
通年を通して美しい風景が広がる。春は菜の花、夏は新緑が美しい。秋は黄金色に輝く稲穂を手作業で収穫する体験会もある。冬は棚田一帯がイルミネーションで輝く幻想的なイベントを開催（2024年度は中止）。

周辺のスポット

寄り道パーキング 名舟
よりみちパーキング なふね

国道249号沿いの歴史スポット

MAP P.111

名舟漁港近くにあるパーキング。名舟町に伝わる伝統芸能・御陣乗太鼓発祥の地にちなんだ石碑が目印。毎年7月31日、8月1日に開催される「名舟大祭」で御陣乗太鼓の迫力を体感できる。

☎なし 交 能越自動車道・のと里山空港ICから約27.5km 所 石川県輪島市名舟町
開 見学自由 P あり

石碑の先の海中に白い鳥居が立つ

新潟県 MAP P.171 D-4

星峠の棚田
ほしとうげのたなだ

まるで魚の鱗のよう
里山の夜明けと朝霧

朝日を浴びて輝く星峠の棚田。シーズン中は日の出前から多くの人がスタンバイする人気スポット。運がよければ雲海とのコラボが見ることができる

112

行きたい時間帯

人気は早朝の水鏡

雪解け後から田植え前、稲刈り後の11月頃から積雪前の年2回。田んぼに溜まった水が朝日を受け水鏡のようになる

幻想的な棚田・雲海

> 暮らしの営みと自然が織りなす美しい景観に、国内外から観光客やカメラマンが集まる。水鏡の季節はもとより、緑の水田や黄金色に輝く稲穂も人々を魅了する。

2022年には農水省「つなぐ棚田遺産」に認定された、越後松代棚田群の一つに数えられる景勝地。魚の鱗のように斜面に広がる大小さまざまな水田は200枚ほどある。季節や時間帯を変えれば違う景色が楽しめる星峠の棚田は、春は山桜を含む山野草の花々、夏には新緑と棚田のコントラストが見られる。早ければ8月の終わり頃から稲は穂をつけ、一面が徐々に黄金色に染まる。星峠の棚田のある新潟県十日町市は日本指折りの豪雪地帯。道路の除雪をしないため、展望台や駐車場は冬期閉鎖となる。

朝日と雲海が出ている早朝に訪れたい。集落内を移動するときはマナーの遵守を忘れずに

オレンジ色の空と星峠の棚田。日の出前からスタンバイし写真に収めたい

稲刈り直前の稲穂の黄金が風にたなびく景色を眺めれば、どこかノスタルジックな気分になれる

写真：Tokamachi Tourist Association

ACCESS
アクセス

越後湯沢駅
↓ JR上越線で21分
六日町駅
↓ 北越急行ほくほく線で30分
まつだい駅
↓ 松代地域市営バスで26分
星峠バス停

六日町駅にJR上越線と北越急行ほくほく線が乗り入れているので直通運転がある。関越自動車道・六日町ICから約49km、北陸自動車道・上越ICから約36km

INFORMATION
問い合わせ先

松代・松之山温泉観光案内所
☎025-597-3442

DATA
観光データ

所 新潟県十日町市峠 開休 見学自由（冬期は閉鎖）料 P あり

BEST TIME TO VISIT
訪れたい季節

雪消え〜6月中旬、10月下旬〜11月中旬頃は水鏡が見られる。この時期はカメラマンに人気で、全国各地から美しい水鏡の写真を収めるために星峠の棚田に足を運ぶ。日本の原風景そのものを見せてくれる棚田は、まさに地域の宝。

TRAVEL PLAN 🚗

星峠の棚田から少し足を延ばすと十日町の素材を味わえるカフェや宿泊施設、まるごとアート空間の宿、豪雪地帯の建物を大切にする場所に出会える。

COURSE

05:00	上越IC
↓	車で1時間
06:00	星峠の棚田
↓	徒歩2分
11:00	星峠宿 CHAYA
↓	車で11分
11:30	奴奈川キャンパス
↓	車で50分
14:30	六日町IC

幻想的な棚田・雲海

星峠の棚田
ほしとうげのたなだ

星峠集落が先祖代々受け継いできた暮らしの糧をつくる棚田

星峠宿 CHAYA
ほしとうげじゅく チャヤ

MAP P.114-1

星峠の棚田を後世につなぐ拠点。おにぎりが名物のカフェCHAYAと、1日1組限定のツリーキャンプなどがある。

📞025-594-7600 🚗関越自動車道・六日町ICから約42km 📍新潟県十日町市峠 🕐11:00〜15:00(土・日曜、祝日4:00〜6:00、11:00〜18:00) 休火曜(天候により臨時休あり) Pあり

星峠産コシヒカリのおにぎりが絶品

地元の人たちともふれ合える憩いの場所

冬期は休業で、ゴールデンウィークからオープン

奴奈川キャンパス
ぬながわキャンパス

MAP P.114-2

閉校した旧奴奈川小学校の校舎の内外に作品が設置されている。季節のイベントやワークショップも数多く開催されている。

📞025-761-7767(大地の芸術祭の里総合案内所) 🚗関越自動車道・六日町ICから約36km 📍新潟県十日町市室野576 🕐4月26日〜11月9日(2025年開催時)10:00〜17:00(10〜11月は〜16:00) 休火・水曜 Pあり

地域の価値を実践的に学ぶ

"子ども五感体験美術館"として、全身で楽しむアートを展示

鞍掛純一＋日本大学藝術学部彫刻コース有志「木湯」
Photo by Nakamura Osamu

朝日が昇る直前の静寂感が漂う星峠の棚田。水面に自然のあらゆる景色や現象が映り込む

COLUMN

豊かな生態系と命を育む森

姿を変えるブナ林の一年

四季折々に姿を変えるブナの木。この落葉広葉樹を中心に多様な動植物が生息する森林がブナ林と呼ばれ、その環境保全機能の高さに注目が集まっている。

ブナがつなぐ人と自然と動物の命

美人林
びじんばやし

大正時代末期、ブナの木がすべて伐採され原野となった山肌に翌年春ブナの若芽が一斉に芽生え出し、100年もの年月を経て生長、現在の姿に。約3000本のブナの樹高がきれいに揃った美しさから美人林と名付けられた。水分を好む木が土壌から大量の水分を吸収し根を張ることで土砂災害から人々の生活を守る役割も果たしている。

新潟県十日町市 MAP P.171 E-4
☎025-597-3442 ❀関越自動車道・塩沢石打ICから約33.5km ⌂新潟県十日町市松之山松口1712-2付近(私有地) 営休無休 ⓟ森の学校キョロロ駐車場を利用(冬期は積雪のため乗り入れ不可)

幻想的な銀世界に静かにたたずむ木立の美しさが際立つ冬は、スノーシューを履いて散策するツアーも開催している

夏は一面が緑に包まれる。さわやかな風が吹き抜け、雪解け水や雨水を貯えふかふかの林床が森林浴客やハイカーたちを出迎える

ブナの木が若葉を芽吹き残雪の間からスミレやカタクリなどたくさんの花が咲き始める。確かな春の訪れを告げ森の一年が始まる

秋にはリスや熊が好む栄養価の高い堅果が実る。大豊作の年は動物が食べ残した実が多く発芽して子孫を残し生態系のバランスをとる

日本のブナの歴史

ブナは古来より北日本の山岳地帯を多く覆っていたものの、生育が遅く木材の劣化が早いため建築材として使いものにならないと広範囲で伐採された歴史がある。現存の林が人里離れた場所に多いのもこれが理由とされている。

美と趣の社寺・庭園

神様や仏様を祀る神聖な地、
大名家の権力を物語る場所。
時を超え、現代へと美の精神を紡ぐ。
変わらぬ景色に思いを馳せ
いにしえの旅人気分を謳歌したい。

福井県 MAP P.172 C-3
大本山 永平寺
だいほんざんえいへいじ

参道を覆う美しい苔
静けさに包まれた禅の世界

絶景ポイント
唐門を見上げる
石段を上った先にある唐門は永平寺のシンボル的存在。老杉に囲まれ、その特別な雰囲気に圧倒される

美と趣の社寺・庭園

緑の苔が周囲を覆い老杉が連なる自然と一体化した禅の世界が広がり、参道から見上げた先にある唐門は特別な存在感を放っている

> 修行道場の厳粛なたたずまいと、山あいの自然が織りなす禅の世界に心を寄せながら境内を巡る散策コース。霊域の雰囲気に身が引き締まり、気分もリフレッシュできる。

鎌倉時代に道元禅師が開創した出家参禅の修行道場として知られる永平寺は曹洞宗の大本山。約百人もの雲水と呼ばれる修行僧が全国から集い、日夜厳しい修行に勤しんでいる姿を間近に感じることができる。樹齢600年を超える鬱蒼とした老杉に囲まれ、谷間に広がる境内には大小70余りの堂舎が立ち並ぶ。重要な修行の建物「七堂伽藍」は回廊で結ばれ、荘厳な雰囲気を味わえる。落ち着いた建物と年月を感じさせる周囲の自然が調和し、凛々しい空気で満たされている。参拝者も朝課や坐禅に参加できる。

開創者である道元禅師を祀る神聖な承陽殿の入口、承陽門

七堂伽藍のなかで最古の山門。雲水は正式入山時と修行を終えた下山時のみに通過できる

傘松閣の2階大広間の天井絵は昭和の一流日本画家144名による230枚がずらり

ACCESS
アクセス

福井駅
↓ えちぜん鉄道勝山永平寺線で25分
永平寺口駅
↓ 京福バス永平寺地区行きで13分
永平寺バス停

終点の永平寺バス停から徒歩5分。福井駅から直行の永平寺ライナーや、永平寺と一乗谷朝倉氏遺跡を周遊するはぴバスも便利。中部縦貫自動車道・永平寺参道ICから約5km

INFORMATION
問い合わせ先
大本山 永平寺 ☎0776-63-3102

DATA
観光データ
所 福井県永平寺町志比5-15 開 8:30～16:00 休 無休 料 700円、小・中学生300円 P あり

BEST TIME TO VISIT
訪れたい季節

空高くそびえ立つ老杉と足元の苔がつくり出す異世界の雰囲気は四季折々の美しさにあふれている。福井県の紅葉の名所でもあり秋の訪問もおすすめ。また雪囲いにより装いを変える雪の永平寺も人気が高い。参拝客の比較的少ない早朝から午前の早い時間に到着するとゆっくり楽しめる。

禅の里の文化を体験

世界でも注目されるZEN(禅)の世界を古刹で体験

永平寺では、身心を統御して真理を見つめる修行方法である禅を修行僧だけでなく参拝客にも教授。当日参加可能な坐禅体験で心の安定を求めたり、禅の教えに基づいた寝食を1泊2日で実施する修行体験をしたりと取り組み方はそれぞれ。厳しい修行の一部にふれるだけでも気持ちがリフレッシュされる。

1 日帰り体験では約50分の坐禅体験ができる／2 早朝の朝課では雲水たちの読経が響き渡る／3 胡麻豆腐の里團助の胡麻豆腐入りぜんざい雲水セット940円で雲水の食事をプチ体験

TRAVEL PLAN 🚗

禅の世界を堪能したらその先の旅程も余韻を楽しめる行程を。永平寺では1時間の散策を予定して、出発時間によっては逆ルートでまわるプランも◎。

COURSE

08:45	福井北IC
↓	車で13分
09:00	大本山 永平寺
↓	徒歩3分
11:00	山侊
↓	徒歩3分
12:00	井の上
↓	車で13分
13:30	道の駅 禅の里
↓	車で18分
15:00	福井北IC

大本山 永平寺
だいほんざん えいへいじ

永平寺には国の重要文化財に指定されている建物が19ある

山侊
さんこう

MAP P.121-[1]

注文すると苦死（串）を切って出してくれるご利益だんごが名物。念珠、おみやげの販売や多彩な飲食メニューもある。
☎0776-63-3350 🚗中部縦貫自動車道・永平寺参道ICから約5km 📍福井県永平寺町志比5-10-1 🕐8:30〜16:30 休不定休 Pあり

特製醤油味噌ダレを付け炭火で焼いた団子

60年以上門前で縁起物を販売

井の上
いのうえ

MAP P.121-[2]

永平寺そばや精進料理などを提供する門前の食事処。おみやげやオリジナルのソフトクリーム、喫茶も充実。
☎0776-63-3333 🚗中部縦貫自動車道・永平寺参道ICから約5km 📍福井県永平寺町志比28-8 🕐8:00〜17:00 休無休 Pあり

門前町ならではのおいしい思い出

バス停留所の隣にあり駐車場完備

道の駅 禅の里
みちのえき ぜんのさと

MAP P.121-[3]

特産品を使用した商品や、福井名物が揃い、手づくりにこだわるレストランが人気。泉質自慢の温泉も隣接。
☎0776-64-3377 🚗中部縦貫自動車道・上志比ICから約4km 📍福井県永平寺町清水2-21-1 🕐9:00〜18:00 休第3水曜 Pあり

食事とおみやげ 天然温泉も

同じ敷地内に永平寺温泉の天然温泉施設もある

永平寺だるまぷりん「だるまさんセット（3個）」1440円

美と趣の社寺・庭園

121

石川県 **MAP** P.172 C-2

兼六園
けんろくえん

四季の風情を醸し出す
加賀百万石の華やかな文化

兼六園のシンボルである2本脚の徽軫
灯籠（ことじとうろう）。琴の糸を支える
琴柱に似ていることからその名がついた
とされる、園内随一の記念撮影スポット

122

絶景ポイント

池のほとりから

日本三名園のひとつ。霞ヶ池に映る空や緑は必見。撮影スポットは園内に点在するので、カメラを片手に散策を

美と趣の社寺・庭園

123

古都・金沢の旅で必ず訪れたいのが、日本を代表する庭園である兼六園。歴代当主によって作庭された大名庭園を歩けば、加賀百万石の栄華にふれることができる。

金沢を代表する観光スポットで、水戸の偕楽園、岡山の後楽園と並び日本三名園に数えられる。加賀前田家5代当主の前田綱紀が造園を始めて以来、歴代当主によって手が加えられ、約180年の月日をかけて造り上げられたという、まさに加賀百万石の歴史を体現した大名庭園。起伏に富んだ広大な敷地に、池や曲水、築山などを配し、約160種8200本の樹木を植樹、多彩な景観が楽しめる。春夏秋冬で趣が大きく異なるのは、四季がはっきりしている金沢ならでは。いつ訪れても、何度訪れても新たな魅力を発見できる。

冬の風物詩として有名な、雪の重みから樹木を守るための雪吊り

兼六園の美景に欠かせないのが園内を流れる曲水。春は桜、夏はカキツバタが水辺を彩る

ACCESS
アクセス

金沢駅
↓ 城下まち金沢周遊バスで15分
兼六園下・金沢城バス停

兼六園下・金沢城バス停から徒歩3分。城下まち金沢周遊バスは金沢駅兼六園口（東口）バスターミナルから右ルートに乗車。北陸自動車道・金沢西ICから約8km

INFORMATION
問い合わせ先

石川県金沢城・兼六園管理事務所
📞076-234-3800

DATA
観光データ

🏠金沢市兼六町1 🕐7:00〜18:00 10月16日〜2月末日8:00〜17:00 休無休 料320円 P近隣駐車場（有料）利用

BEST TIME TO VISIT
訪れたい季節

四季折々に表情を変える兼六園は年間を通していつでも美しい。春は40種約400本の桜が次々と咲き誇る。初夏はカキツバタと曲水の共演が見もの。秋には紅葉で彩られ、特に山崎山は紅葉狩りのスポットとして知られる。冬は雪に包まれ、渡り鳥が姿をみせてくれる。

TRAVEL PLAN

大人気の金沢21世紀美術館(通称:まるびぃ)には、人の少ない朝の時間帯に。金沢城とその周辺の人気スポットを一日かけてじっくり見てまわる。

金沢21世紀美術館
かなざわにじゅういっせいきびじゅつかん

世界の現代アートと出会えるミュージアム

MAP P.124- 1

世界の「いま」のアートを体感し、楽しめる美術館。円形の館内は無料の交流ゾーンと有料の展覧会ゾーンからなる。

☎076-220-2800 交広坂・21世紀美術館バス停から徒歩3分 所金沢市広坂1-2-1 時ゾーンにより異なる 料一部有料 Pあり

©2010 Olafur Eliasson
オラファー・エリアソン
『カラー・アクティヴィティ・ハウス』

COURSE

09:10	金沢駅
↓	バス13分+徒歩3分
09:30	金沢21世紀美術館
↓	徒歩8分
13:00	兼六園
↓	徒歩6分
16:00	金沢城公園
↓	徒歩11分
17:00	尾山神社
↓	徒歩5分+バス11分
17:45	金沢駅

兼六園
けんろくえん

中心部にある霞ヶ池の面積は約5800㎡と広大

金沢城公園
かなざわじょうこうえん

MAP P.124- 2

兼六園の隣に位置する金沢城公園は、前田家代々の居城であった金沢城の跡地を整備したもの。

☎076-234-3800(石川県金沢城・兼六園管理事務所) 交兼六園下・金沢城バス停から徒歩3分 所金沢市丸の内1-1 時7:00～18:00 10月16日～2月末日8:00～17:00 菱櫓・五十間長屋・橋爪門続櫓・橋爪門9:00～16:30(入館は～16:00) 休無休 Pなし

城下町の始まり　街のシンボル的存在

金沢城の裏門の役割を果たしていた石川櫓

美と趣の社寺・庭園

神門が美しい　金沢の総鎮守

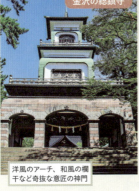

洋風のアーチ、和風の欄干など奇抜な意匠の神門

夜には光が灯る、最上階に設けられたギヤマン

尾山神社
おやまじんじゃ

MAP P.124- 3

加賀藩祖の前田利家公と正室お松の方を祀る。3層の神門は和漢洋の3様式を融合し、最上階にギヤマンをしつらえた異色のデザインで国指定の重要文化財。

☎076-231-7210 交南町・尾山神社バス停から徒歩4分 所金沢市尾山町11-1 時9:00～17:00(社務所) 休無休 Pあり

SWEETS

庭園を眺めながら特別なひとときを

時雨亭
しぐれてい

MAP P.124- 4

抹茶(上生菓子付き)800円

☎076-232-8841 交兼六園下・金沢城バス停から徒歩5分 所金沢市兼六町1-5 時9:00～16:30(受付は～16:00、12:00～13:00は不可) 休無休 Pなし

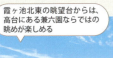

霞ヶ池北東の眺望台からは、高台にある兼六園ならではの眺めが楽しめる

石川県 MAP P.172 C-2

那谷寺
なたでら

霊峰白山を信仰する古刹
境内が錦繍に染まる

絶景ポイント

奇岩遊仙境
国指定名勝。安全と景観保護のため立ち入り制限中なので観賞する際は展望台から。岩壁の景観が見事

那谷寺は北陸屈指の紅葉の名所。23haの境内はイロハモミジをはじめヤマモミジ、ハウチワカエデなどで彩られる

> 奇岩と庭園が調和する那谷寺。静寂の空間で心安らぐ特別なひとときが過ごせる。
> 俳人・松尾芭蕉も立ち寄ったこの寺院で、歴史とともに四季の移ろいを感じたい。

那谷寺は石川県小松市に位置する約1300年の歴史ある寺院で、歴史的建造物と大自然が織りなす聖地。最大の見どころは「奇岩遊仙境」だ。境内にあり、巨大な岩山に多くの洞窟が空いた特徴的な奇岩。江戸時代の俳人・松尾芭蕉がこの地で句を詠んだとされており、平成26年(2014)に「おくのほそ道の風景地」として国の名勝に指定された。重要文化財に指定されている建造物や庭園が数多くあり、どれも見逃せない。那谷寺の本殿には「いわや胎内くぐり」というパワースポットもあり、身も心もリフレッシュできる。

ACCESS
アクセス

金沢駅
↓ IRいしかわ鉄道で32分
小松駅
↓ 北鉄加賀バス粟津線で36分
那谷寺バス停

那谷寺バス停から徒歩6分。加賀温泉駅から加賀周遊バスキャンバスで那谷寺バス停まで30分。北陸自動車道・小松ICから約15km

INFORMATION
問い合わせ先

那谷寺 0761-65-2111

DATA
観光データ

所石川県小松市那谷町ユ122 時9:15〜16:00 休無休 料1000円、小学生300円 Pあり

BEST TIME TO VISIT
訪れたい季節

紅葉の名所なので特に秋がおすすめ。23haの広大な境内は例年11月上旬〜下旬に紅葉の見頃を迎える。最も美しく望める場所は、境内を一望できる展望台。

周辺のスポット

加賀伝統工芸村 ゆのくにの森
かがでんとうこうげいむら ゆのくにのもり
MAP P.127

工芸品の製作見学や友禅染・金箔貼りなど50種類以上の体験が可能。
☎0761-65-3456 交北陸自動車道・小松ICから約14km 所石川県小松市粟津温泉ナ-3-3 時9:00〜16:30 休木曜 料550円 Pあり

粟津温泉総湯
あわづおんせんそうゆ
MAP P.127

北陸最古の歴史ある温泉。泉質はナトリウム-硫酸塩・塩化物泉で肌にやさしく、地元から親しまれている。
☎0761-65-1120 交北陸自動車道・小松ICから約13km 所石川県小松市粟津町イ79-1 時8:00〜22:00 休火曜 料470円、小学生130円、小児50円 Pあり

加賀の美と技
伝統の息づく森
茅葺きの古民家を移築した空間で手仕事を知る

平屋建ての和風造り。内湯は男女ひとつずつある

1300年の歴史の湯
心癒やす粟津温泉

那谷寺の「金堂華王殿」には木曽檜の寄せ木造りで7.8mの十一面千手観音像が安置されている

美と趣の社寺・庭園

福井県 MAP P.172 C-3

平泉寺白山神社
へいせんじはくさんじんじゃ

拝殿へ続く石畳を歩く
苔むした境内にいにしえの時

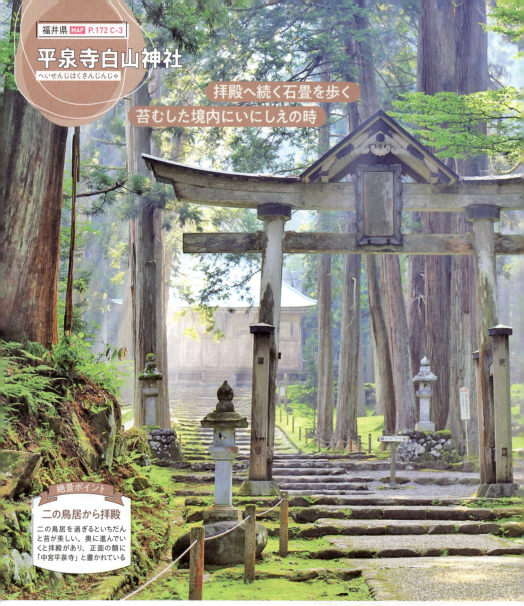

絶景ポイント

二の鳥居から拝殿

二の鳥居を過ぎるといちだんと苔が美しい。奥に進んでいくと拝殿があり、正面の額に「中宮平泉寺」と書かれている

拝殿から更に進んだ先の三之宮まで、参道の両脇を覆う苔に癒やされながらのんびり歩きたい

> 歴史と自然が融合する神聖な場所で、心安らぐひととき。
> 静寂のなか、自然の音に耳を傾ける。

約1300年前に白山信仰の拠点として開かれた白山平泉寺を前身とする神社で、縁結びなどのご利益があるとされている。「苔宮」として有名でスギゴケなどの美しい苔が境内を覆い、その種類は100種類以上と言われている。見頃は梅雨の時期で、特に雨上がりの翌朝は幻想的な雰囲気を醸し出す。静寂な時間が流れるなか、ゆっくりと苔を観察するのもおもしろい。そのほか苔むした石畳の参道、建物の柱を支えていた礎石が残る拝殿、美しい龍の彫刻が特徴的な本社など多くの見どころが点在している。

ACCESS アクセス

福井駅
↓ えちぜん鉄道勝山永平寺線で52分
勝山駅
↓ 大福交通バス平泉寺線などで20分
平泉寺神社前バス停

平泉寺神社前バス停からすぐ。中部縦貫自動車道・大野ICから約3.5km、勝山ICから約9km

INFORMATION 問い合わせ先

と之蔵案内所 ☎0779-88-0033

DATA 観光データ

所 福井県勝山市平泉寺町平泉寺56-63 開休 見学自由 P あり

BEST TIME TO VISIT 訪れたい季節

ベストシーズンは6〜7月にかけて。特に梅雨の時期がおすすめで、あたり一面が苔で覆われた光景は圧巻。苔むした石と木が歴史の深さを物語っており、静寂の世界が広がる。

拝殿の中には馬が描かれた絵馬（勝山市指定文化財）があり、お祭りの際などに開帳される

両部鳥居と呼ばれる見慣れない形の二の鳥居。「白山三所大権現」と書かれた中央の額を護る屋根がある珍しい形をしている

山からの湧き水が流れ込む御手洗池。杉の御神木は1300年前に泰澄大師が植えたとされる

平泉寺の歴史や発掘状況などを紹介する施設

白山平泉寺の歴史、自然、文化について映像やタッチパネルでわかりやすく紹介している。そのほか白山平泉寺が開かれたもととなった白山信仰についての解説や実際の発掘調査で出土した遺物も展示。イベントや体験行事なども随時開催しており、幅広い年代の人に親しまれている。

白山平泉寺歴史探遊館まほろば
はくさんへいせんじれきしたんゆうかんまほろば

MAP P.128

☎0779-87-6001
交 中部縦貫自動車道・大野ICから約6km 所 福井県勝山市平泉寺町平泉寺66-2-12 開 9:00〜17:00 P あり（平泉寺白山神社と共通）

参拝する前に訪れ、情報収集するのもおすすめ

美と趣の社寺・庭園

COLUMN

北陸有数のパワースポット

弥彦山の山頂で縁結び

古くから霊峰として崇められてきた弥彦山の神々しい空気に包まれた山を登り。
縁結びのパワースポットまで足を延ばして心も体もリフレッシュ。

駅からのアクセスが便利で森林浴や紅葉スポットとして知られる弥彦山

**美しい日本の自然を体感しながら
霊験あらたかな山頂まで気軽におでかけ**

越前平野にそびえ立つ弥彦山。松杉の樹木がうっそうと茂った森に囲まれ神聖な空気が漂う麓には「おやひこさま」として新潟の人たちから慕われている彌彦神社が鎮座する。標高634mの山頂には御祭神である天香山命(あめのかごやまのみこと)と、妃神の熟穂屋姫命(うましほやひめのみこと)が祀られた御神廟があり、御祭神と妃神の仲が良いことから縁結びや恋愛成就にご利益があるスポットとして人気だ。神社からシャトルバス利用で山麓駅へ向かいロープウェイで山頂駅まで行けるほか、登山でも1時間30分程度。クライミングカーでの移動やパノラマタワーからの展望などさまざまに楽しめる。

彌彦神社 御神廟
やひこじんじゃ ごしんびょう

新潟県弥彦村 MAP P.171 E-2
℡0256-94-2001 交JR弥彦駅から徒歩15分の弥彦山ロープウェイ(山麓駅)に乗り、山頂駅下車、徒歩15分 所新潟県弥彦村弥彦3606-1 弥彦山山頂 開休参拝自由 Pあり

1 山頂公園から徒歩15分の御神廟が縁結びのスポット／2 山頂駐車場から展望食堂まで1分で移動できるクライミングカー／3 山道は整備されていて初心者でも登りやすい

風景と調和する美しい橋

交通の要衝として地域の生活と人流を支える街のシンボル。橋上、対岸、あるいは上空から、渡る人の数だけストーリーがある。街と人を結ぶ、架け橋を眺める。

九頭竜湖 夢のかけはし

福井県 MAP P.172 C-3

くずりゅうこ ゆめのかけはし

広大なダム湖に架かる橋
湖面を彩る鮮やかな紅葉

紅葉の季節は橋を囲む山々が鮮やかなオレンジ色に変化し、湖の深い緑とのコントラストをつくり出す。吊り橋の赤い色が引き立つ

風景と調和する美しい橋

絶景ポイント
少し離れて全体を
少し離れて眺めると、雄大な自然に包まれた「夢のかけはし」が美しく映え、圧倒的な景観が広がる

> 九頭竜湖は、岩を積み上げたロックフィル式ダムによって誕生した人造湖。その湖に架かる「夢のかけはし」は山々の風景と広大なダム湖の優美な景観に溶け込んでいる。

九頭竜湖に架かる全長266mの吊り橋で、「夢のかけはし」と呼ばれ九頭竜ダムのシンボルとして広く親しまれている。正式名称は箱ヶ瀬橋。この橋は、四国と本州を結ぶ瀬戸大橋の試作品として昭和42年(1967)11月に建設された。九頭竜湖はその周囲の自然が四季折々に色を変え、特に紅葉の季節には深い緑の湖面と色づいた木々が織りなすコントラストが美しく、訪れる人々を魅了する。思わず息をのむほど雄大な景色が広がるこの場所はドライブや観光スポットとして長年にわたり愛されている。

10月中旬にはブナやモミジなどの木々が色づく。「日本紅葉100選」にも選ばれている

ACCESS
アクセス

福井駅
↓ JR越美北線(九頭竜線)で1時間40分
九頭竜湖駅
↓ 国道158号などで約13km
夢のかけはし

九頭竜湖駅から公共交通機関はないため、事前にタクシー予約を。北陸自動車道・福井北ICから約59km、中部縦貫自動車道・白鳥西ICから約19.5km

INFORMATION
問い合わせ先

大野市観光交流課
☎0779-66-1111
いずみタクシー合名会社
☎0779-78-2022

DATA
観光データ

[所] 福井県大野市箱ヶ瀬 [開休料] 見学自由 [P] あり

BEST TIME TO VISIT
訪れたい季節

橋が架かる九頭竜湖は、雄大な山々に囲まれ季節によって異なる顔を見せる。春には桜が咲き誇り、心癒される風景が広がる。夏には新緑が湖面に映え、秋には色鮮やかな紅葉が山々と湖に映り込み、圧巻の景色をつくり出す。冬にはあたり一面が雪景色となり、幻想的な美しさに出会える。

湖畔から眺める九頭竜湖。箱ヶ瀬橋が美しい自然と調和し、格別の景観を楽しめる

橋は車や徒歩で通行可能。橋の上から望む九頭竜湖も見逃せない

TRAVEL PLAN

山々に囲まれた九頭竜湖は、四季折々の自然美が堪能できる福井県の景勝地。湖ではアクティビティも楽しめ、一日中大自然の魅力を満喫できる。

COURSE

09:40	九頭竜IC
↓	車で15分
10:00	九頭竜湖 夢のかけはし
↓	車で22分
10:30	九頭竜ダム
↓	車で10分
11:00	道の駅 九頭竜
↓	車で3分
13:00	九頭竜IC

九頭竜湖は、青森県の十和田湖に匹敵する大きさ

高さ128mの巨壁 圧巻のスケール

九頭竜湖 夢のかけはし
くずりゅうこ ゆめのかけはし

壮大な湖に架かる橋と豊かな自然を堪能したい

九頭竜ダム
くずりゅうダム

MAP P.134-[1]

九頭竜ダムは、洪水調節と発電を担う多目的ダムとして建設された。立ち入り禁止区域を除き、自由に見学できる。
☎0779-78-2116(九頭竜ダム管理支所) 交中部縦貫自動車道・九頭竜ICから約6km 所福井県大野市長野33-4-1 時展示室は9:30～16:30 休無休 料無料 Pあり

ダムの展示室では、役割や歴史を紹介している

四季の移ろいとともに美しい表情をみせる九頭竜湖畔。心に残る風景を堪能したい

国道158号沿い 恐竜親子が目印

道の駅 九頭竜
みちのえき くずりゅう

MAP P.134-[2]

JR九頭竜湖駅周辺は道の駅として整備されている。飲食店や地元の特産品が並ぶ直売所、観光案内所が併設されている。
☎0779-78-2300 交JR九頭竜湖駅からすぐ 所福井県大野市朝日26-30-1 時8:30～17:00(施設により異なる) 休めん処は水・木曜(直売所・めん処は12月上旬～3月末閉鎖) Pあり

九頭竜湖駅は終着駅として鉄道ファンにも人気

風景と調和する美しい橋

湖でカヤックに挑戦

穏やかな湖面で行う湖上カヤック体験は、初めてでも気軽に参加できるアクティビティ。使用するのは安定感抜群のレクリエーションカヤック。ライフジャケットの用意もあり、安心して挑戦できる。自然のなかでリラックスして、水上散歩を楽しもう。
☎0779-67-1117(合同会社ノーム自然環境教育事務所) 交北陸自動車道・福井ICから約38km 所福井県大野市南六呂師169-124 時9:00～18:00(カヤックツアー開催は4月下旬～11月上旬) 休期間中無休 Pあり

1 湖上から眺める景色はいつもと違い格別／**2** カヤックで湖を渡り化石採集をするジオ・カヤックも／**3** ボードの上に立ち、水上を軽やかに移動するSUP

富山県 MAP P.170 B-4

新湊大橋
しんみなとおおはし

雄大な立山連峰を望む
富山新港のランドマーク

「新湊大橋」は、朝日と夕日の両方を楽しめるスポット。美しい朝焼けや夕焼けに浮かぶ橋は、まるで絵画のよう

獲れたて海鮮を食べるなら

新湊きっときと市場
しんみなときっときといちば
MAP P.136

新湊漁港の新鮮な白エビやベニズワイガニなど、海の幸が楽しめる海鮮市場。富山県の海産物やおみやげも豊富に揃う。

☎0766-84-1233（新湊きっときと市場） 🚗北陸自動車道・小杉ICから約12km 📍富山県射水市海王町1 🕘9:00〜17:00（時期により変動） 🚫店舗により異なる 🅿あり

> 平成24年（2012）開通の橋。ビル30階以上の高さに相当し、遠くから見ても圧倒的な存在感を放つ。

新湊大橋は富山新港に架かる日本海側最大級の斜張橋である。総延長3.6km、主塔の高さ127mを誇り、富山のランドマークとして親しまれている。晴れた日には日本海や立山連峰が一望でき、隣接する海王丸パークでは帆船「初代海王丸」と橋の景色を楽しめる。夜にはライトアップされ、幻想的な景色が広がる。上層が車道、下層が歩行者専用通路"あいの風プロムナード"の2層構造となっており、全天候型設計が施されている。歩行者通路からは立山連峰や富山湾、行き交う船舶を眺められる。

絶景ポイント
朝は西側、夕は東側
朝焼けは西の越ノ潟方面から、夕焼けは東の堀岡発着所から見ると橋の美しいシルエットを眺めることができる

ACCESS アクセス
富山駅
↓ あいの風とやま鉄道で19分
高岡駅
↓ 路面電車万葉線で49分
越ノ潟駅
越ノ潟駅から徒歩3分。北陸自動車道・富山西ICから約15km

INFORMATION 問い合わせ先
富山県富山新港管理局
☎0766-84-8292

DATA 観光データ
所 富山県射水市海王町～海竜町 開 6:00～21:00（歩行部 あいの風プロムナード）休 無休 料 無料 P あり

BEST TIME TO VISIT 訪れたい季節
立山連峰が一年のなかで最も美しく見えるのは雪が多い1～3月頃。冬は天候が不安定だが、晴れた日はその雄大な姿を堪能できる貴重なチャンス。特に、13～17時頃が絶好の観賞時間。16時30分頃からは夕焼けに染まる立山連峰を楽しめる。午前中は逆光になるため、午後に訪れるとその姿をより美しく見ることができる。

風景と調和する美しい橋

日本海沿いを走る絶景鉄道 氷見線から新湊大橋を望む

新湊大橋架橋の立役者
海王丸は商船学校の練習船として誕生し、引退後は射水市の海王丸パークで現役当時の姿で公開されている。新湊大橋の建設は、越ノ潟地区に初代「海王丸」を誘致したことがきっかけで観光客が増え、正式に決定。着工から10年の時を経て、平成24年（2012）に完成した。

海王丸
かいおうまる
MAP P.136
☎0766-82-5181
（(公財)伏木富山港・海王丸財団）交 北陸自動車道・小杉ICから約11.5km 所 富山県射水市海王町8 開 9:30～17:00（時期により変動あり）P あり

年10回、帆をすべて広げる総帆展帆が行われる

奈呉の浦大橋からは新湊大橋と立山連峰が一望でき、昼過ぎは光で壮大さが際立つ

新潟県 MAP P.171 E-2
萬代橋
ばんだいばし

日本最長の大河に架かる
街を結ぶ130年の物語

あたりが暗くなるにつれ、橋のライトアップがひときわ輝く。夜もふけていくと石造りの萬代橋はいっそうレトロな雰囲気を増す

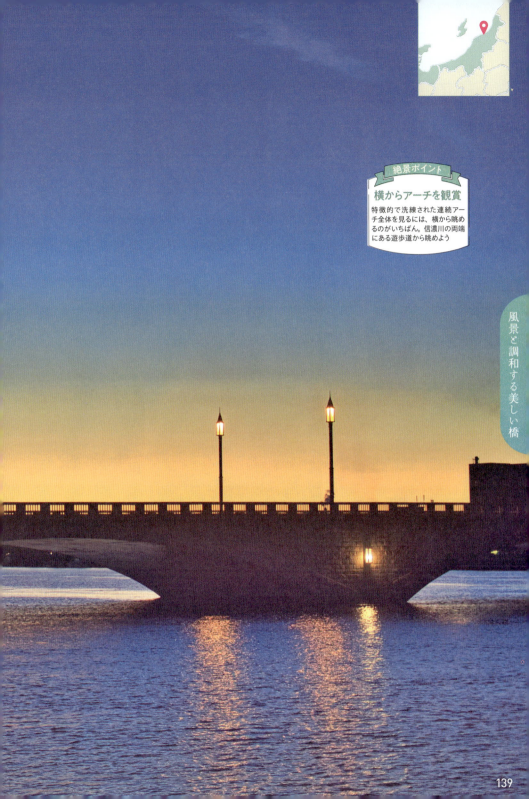

絶景ポイント
横からアーチを観賞
特徴的で洗練された連続アーチ全体を見るには、横から眺めるのがいちばん。信濃川の両端にある遊歩道から眺めよう

風景と調和する美しい橋

現在の萬代橋は3代目で、昭和4年(1929)に架け替えられた。平成16年(2004)7月に、国の重要文化財に指定されている。初代は「よろずよばし」と呼ばれていた。

新潟市を象徴する萬代橋は、全長306.9m、幅22.0mで連続アーチの優美なデザインと御影石の風格ある外観が特徴的だ。橋の車道は片側2車線、合計4車線が整備されており、1日約3万台の車両が行き交う。遊歩道も設けられており、徒歩でも渡ることができる。この橋には関東大震災後の復興技術が生かされ、昭和39年(1964)の新潟地震にも耐え抜き、市民の避難や復旧活動に大きく貢献した。新潟市の歴史とともに歩み、その美しさと機能性は今も街のシンボルとして多くの人々から愛されている。

日中は逆光になりやすい場所もあるが、早朝なら人も少なく撮影には最適の時間帯

ACCESS
アクセス

新潟駅
↓ 新潟市観光循環バスで6分
万代シティバス停

万代シティバス停から徒歩2分。新潟駅から徒歩15分。北陸自動車道・新潟西ICから約11km、磐越自動車道・新潟中央ICから約7km

INFORMATION
問い合わせ先

新潟国道事務所 ☎025-244-2159
新潟観光コンベンション協会
☎025-223-8181

DATA
観光データ

所 新潟県新潟市中央区万代2 開休料 見学自由 P なし

BEST TIME TO VISIT
訪れたい季節

春には萬代橋周辺で満開の桜が咲き誇る。信濃川両岸の堤防「やすらぎ堤」は、毎年人気のお花見スポット。夏は、新潟市の花火大会の時期には橋から花火を楽しむことができる。冬はクリスマスシーズンにライトアップされ、新潟市の夜景とともに華やかな夜を堪能できる。

萬代橋のたもとにある万代テラスでは、屋根付きのベンチから橋を眺められる

ライトアップされた萬代橋。明かりが信濃川に映り込み美しい

140

TRAVEL PLAN

新潟の人々に長年愛されている萬代橋。橋がある万代地区は中心市街地で、食や見どころが豊富なエリア。歩いてその魅力を余すところなく楽しみたい。

上古町商店街
かみふるまちしょうてんがい
MAP P.140-1

500mの商店街に約60店舗が並ぶ

新潟中心部にある商店街。老舗と今どきのおしゃれな店が共存し、「カミフル」の愛称で親しまれている。

📞025-225-0354（新潟市上古町商店街振興組合）🚃JR新潟駅から徒歩30分 🏠新潟市中央区古町通1〜4番町 🕐店舗により異なる 🅿なし（近隣コインパーキング利用）

アーケードが続き、雨の日でも街歩きを楽しめる

COURSE

10:00	新潟駅
↓	バスで20分
10:20	上古町商店街
↓	徒歩10分
11:00	新潟市マンガの家
↓	徒歩12分
13:00	萬代橋
↓	徒歩5分
13:15	新潟日報メディアシップ
↓	徒歩12分
15:00	新潟駅

萬代橋
ばんだいばし

遊歩道から散策しながら対岸の萬代橋を眺める

新潟市マンガの家
にいがたしマンガのいえ
MAP P.140-2

新潟ゆかりのギャグマンガ家の世界を再現。赤塚不二夫、魔夜峰央などの作品を常設展示し、マンガの魅力にふれられる。

📞025-201-8923（新潟市マンガの家）🚃JR新潟駅から徒歩20分 🏠新潟市中央区古町通6番町971-7 🕐11:00〜19:00 ❌水曜 🅿なし

マンガの世界へ 制作体験も開催

キャラクターのポーズで撮影できる場所もある

新潟日報 メディアシップ
にいがたにっぽうメディアシップ
MAP P.140-3

新潟日報社の本社を中心にした多機能複合ビル。展望フロアからは360度パノラマビューを楽しめる。

📞025-385-7500（総合案内）🚃JR新潟駅から徒歩10分 🏠新潟市中央区万代3-1-1 🕐8:00〜23:00 ❌無休 🅿あり（有料）※展望フロアは催事により入場を制限する場合あり

新潟市の新たなランドマーク。多くの人で賑わう

萬代橋のふもと 情報の発信拠点

展望フロアから見た景色。萬代橋を上から望める

LUNCH

こだわりの絶品おにぎり
農家の息子が作る食堂 さんかくとまる
のうかのむすこがつくるしょくどう さんかくとまる
MAP P.140-4

おにぎりは20種類以上、味噌汁は具だくさん

📞非公開 🚃JR新潟駅から徒歩7分 🏠新潟市中央区万代1-3-30 万代シルバーホテルビル2F 万代FOOD HALL 🕐11:00〜20:00 ❌無休 🅿なし

信濃川を運行する水上バスもおすすめ。シャトル便と周遊便があり、観光に最適

風景と調和する美しい橋

COLUMN

緑が美しい街なかの水辺空間

美しい水辺の公園

昭和初期の一大土木事業であり富山市の発展と工業化に貢献した運河。
時代の流れとともにその役目を終え、緑豊かな水辺の空間に生まれ変わり人々の心をうるおす。

栄華の歴史を語り
人の心を癒やす現在
富岩運河環水公園
ふがんうんがかんすいこうえん

富山県富山市 MAP P.173 D-1

富岩運河を囲むように広がる緑豊かな公園は富山駅から歩いてすぐ。街なかにありながら自然あふれる広々とした空間には多くの人が集まり、芝生でのくつろぎや散策、レストランやカフェでの休憩など、思い思いに水辺での時間を過ごすオアシスになっている。

☎076-444-6041（パークセンター）
交JR富山駅から徒歩9分 所富山市湊入船町 休見学自由 Pあり

> 公園のシンボル天門橋は、両端の塔が展望台、ギャラリーになっている

> 四季のテーマに沿ったイルミネーションでライトアップされる

穏やかな運河をゆったりクルーズ
富岩水上ライン
ふがんすいじょうライン

スタイリッシュなデザインのソーラー船が公園から中島閘門（こうもん）を経由して岩瀬エリアを運航。閘門ではパナマ運河方式の「水のエレベーター」を体験できる。

交JR富山駅から徒歩13分 所富山市湊入船町（富岩運河環水公園乗り場）休9:40〜15:30 休不定休、11月下旬〜3月中旬（詳細は公式サイトを確認）P公園駐車場利用 URL fugan-suijo-line.jp

世界で一番美しいといわれるスターバックス
スターバックス コーヒー 富山環水公園店
スターバックス コーヒー とやまかんすいこうえんてん

木の素材を生かした、明るくシンプルなデザインの建物が景観に溶け込んでいるカフェ。店内からは大きなガラス越しに水辺の風景が眺められる。夜には、ライトアップされて昼間とは雰囲気が変わった運河を一望できる。

☎076-439-2630 交JR富山駅から徒歩14分 所富山市湊入船町5 休8:00〜22:30 休不定休 P公園駐車場利用

集落・遺跡ノスタルジア

悠久の時を刻む古跡。
自然のなかで育み、受け継がれる
人々の生活の痕跡。
異なる時代を生きた人々の
知恵を知り、同じ空気を吸い込む。

富山県 MAP P.173 D-2
五箇山菅沼合掌造り集落
ごかやますがぬまがっしょうづくりしゅうらく

家屋が物語る先人の知恵
昔ながらの生活風景を見る

絶景ポイント
60度の急勾配と窓
屋根は合掌したときの腕の形のような三角形の茅葺き屋根。急勾配は雪を落としやすくするため。大きな障子窓が印象的。

集落・遺跡ノスタルジア

菅沼展望広場駐車場から国道沿いに下ると集落を一望できる。集落には喫茶、みやげ店、民俗館などがある。季節ごとのライトアップも見どころ

> 五箇山には相倉と菅沼の2つの合掌造り集落があり、白川郷とともに世界文化遺産に登録されて30周年の節目を迎えた。人の営みが続く世界でも稀な世界遺産の地だ。

五箇山は富山県の南西端にある南砺市に位置し、庄川沿いに40の集落が点在する。「相倉合掌造り集落」と「菅沼合掌造り集落」の2つの集落は、平成7年(1995)12月に岐阜県の白川郷荻町とともにユネスコの世界文化遺産に登録された。菅沼集落には9戸の合掌造り家屋が現存しており、緑濃い山里に合掌造りの家屋が寄り添うように建つ、日本の原風景ともいえる素朴な景色が広がっている。今も人々が生活を営み、暮らしが大切に守り継がれているこの地は「生きた世界遺産」とも称される。

世界遺産で伝統にふれる夜

2つの集落がライトアップされ幻想的な別世界に

合掌造りの集落は観光地のイメージが先行するが人々が住み生活を営む場所。通常は17時以降は観光用駐車場利用や集落内への立ち入りは禁止だが年に数回、20時までそれぞれの集落で開催されるライトアップイベントでは季節ごとに表情の違う風景が楽しめる。相倉集落には6軒の宿があり暮らしを体験できる。

1

2

3

1・2 菅沼合掌造り集落のライトアップ「四季の五箇山 雪あかり」では、雪国の冬を象徴するような光景が広がる 3「四季の五箇山 春の宵」では、水田の水鏡に映る逆さまの家屋を見られる

豪雪に耐え、たくましくも美しいたたずまいの菅沼合掌造り集落

ACCESS
アクセス

富山駅
↓ 北陸新幹線はくたかで9分
新高岡駅
↓ 加越能・世界遺産バスで1時間19分
菅沼バス停

菅沼バス停からすぐ。東海北陸自動車道・五箇山ICから約2km。相倉合掌造り集落(相倉口バス停)へは加越能・世界遺産バスで15分

INFORMATION
問い合わせ先
五箇山総合案内所
☎0763-66-2468

DATA
観光データ
㊟富山県南砺市菅沼578 ㊙8:00〜17:00(12〜3月は9:00〜、駐車場入場は16:00まで) ㊡年末年始 ㊄無料 ㋐あり(菅沼展望広場駐車場を利用、500円)

BEST TIME TO VISIT
訪れたい季節

四方を山々に囲まれた五箇山は季節ごとに素晴らしい景色を見せる。新緑のシーズンだけでなく、山々が色づく紅葉の季節や、集落全体が真っ白な雪で覆われる冬の景色は人気が高く、できれば四季折々に訪れたい。

TRAVEL PLAN 🚗

集落へは世界遺産バスが運行。先人たちの暮らしを見たり、ゆっくり過ごせる茶房などは徒歩でまわれる。少し足を延ばすと秘湯の日帰り温泉がある。

COURSE

08:55	五箇山IC
↓	車で2分
09:00	五箇山菅沼合掌造り集落
↓	徒歩7分
09:30	五箇山民俗館
↓	徒歩1分
15:00	茶房 掌
↓	車で4分
16:00	くろば温泉
↓	車で5分
17:30	五箇山IC

五箇山菅沼合掌造り集落
ごかやますがぬまがっしょうづくりしゅうらく

江戸時代からの家屋8軒と以降の家屋1軒が集落を形成する

茶房 掌
さぼう てのひら
MAP P.146-[2]

店内でカップを選び淹れてもらえるオリジナルブレンドや掌コーヒー、抹茶、手作りそば団子をいただける。

📞0763-67-3066 🚌世界遺産バス・菅沼バス停から徒歩2分 📍富山県南砺市菅沼400 🕙10:00〜17:00(冬期は〜16:00) 休月・火曜 Pあり

カウンターの奥のカップから気になるものをセレクト

五箇山民俗館
ごかやまみんぞくかん

MAP P.146-[1]

合掌造り家屋を利用した資料館で、山村の伝統的な暮らしを伝える。屋根裏の構造も見られる。

📞0763-67-3652 🚌世界遺産バス・菅沼バス停から徒歩1分 📍富山県南砺市菅沼436 🕙9:00〜16:30(12月上旬〜3月末は〜16:00) 休無休 Pあり

先人が使用した生活用具が並ぶ

農具や暮らしを支えた道具などを通し当時を知る

景観に溶け込む木造の和み空間

大きな窓から集落の合掌造りを見ながらひと休み

くろば温泉
くろばおんせん

MAP P.146-[3]

合掌集落の郷、五箇山の麓に湧く自然豊かな温泉。庄川をせき止めたダム湖の湖畔にある。大浴場や露天風呂、サウナを完備している。

📞0763-67-3741 🚌世界遺産バス・細島バス停から徒歩1分 📍富山県南砺市上平細島1098 🕙10:00〜21:00(最終受付20:30) 休火曜 料600円 Pあり

館内には休憩処や売店もありゆっくりできる

湯気の向こうにダム湖が見える

窓際に14人サイズのタイル張り石枠内湯がある

集落・遺跡ノスタルジア

福井県 MAP P.172 B-3

一乗谷朝倉氏遺跡
いちじょうだにあさくらしいせき

戦国の城下町の面影
朝倉氏五代の夢のあと

唐門の上部には、朝倉氏の「三ツ盛木瓜」の家紋と豊臣秀吉が使用していた「五三桐」の家紋が刻まれている。通る際にはぜひ注目してみよう

絶景ポイント
一乗谷のシンボル
唐門は朝倉義景の菩提を弔うために建立された松雲院の山門。その姿は優美で、ウスズミザクラとの調和が見事だ

集落・遺跡ノスタルジア

> 特別史跡、特別名勝、重要文化財の3つに指定され、日本遺産にも認定されている戦国時代の遺跡。変わらぬ四季折々の風景が、時を超えた美しさをいっそう引き立てる。

約103年間にわたって一乗谷を治めていた越前朝倉氏。しかし世は戦国時代、織田信長との戦いに敗れ町は消滅した。その後約400年もの間、田畑の下に埋もれていたが、昭和42年(1967)に始まった発掘調査により再び姿を現すこととなった。当時の暮らしぶりがわかる膨大な資料や遺物が出土し、町並みもほぼ完全な状態で発掘。広大な敷地には、武家屋敷、城下町、庭園、博物館など見どころが多い。「諏訪館跡庭園」をはじめとする特別名勝の4つの庭園も必見だ。時の流れを感じながら、歴史を探訪してみたい。

およそ200mにわたって、かつて栄華を極めた城下町の姿がほぼ完全に復原されている

ACCESS
アクセス

福井駅
↓ JR越美北線(九頭竜線)で18分
一乗谷駅

一乗谷駅から復原町並まで徒歩15分。福井駅から出ている京福バス一乗谷東郷線や朝倉・永平寺ダイレクトバスなどで復原町並バス停まで30分。土日曜、祝日には遺跡内を周遊する無料シャトルも運行。北陸自動車道・福井ICから約7.5km

INFORMATION
問い合わせ先
朝倉氏遺跡保存協会
☎0776-41-2330

DATA
観光データ
所 福井県福井市城戸ノ内町 開休料 見学自由(復原町並は330円) P あり

BEST TIME TO VISIT
訪れたい季節

多彩なイベントが開催される夏の時期がおすすめ。なかでも毎年8月に行われる「越前朝倉戦国まつり」が好評だ。戦国時代行列をはじめ、書道パフォーマンスや二胡の演奏などのステージイベントも楽しめる。また福井の夏の風物詩「越前朝倉万灯夜」では、1万5000個以上のキャンドルが灯され、幻想的な雰囲気に包まれながら夜の散策が可能だ。

カラフルな風鈴と和傘が飾られ町並みを彩る。風に揺れて鳴る風鈴の音が心地よい

良好な状態で原形が残る石組みが、当時の庭園様式を今に伝える

復原した町並みで暮らし体験

当時の暮らしに思いを馳せて

当時の一乗谷は京都のような整然とした町並みであったとされ、武家屋敷や町家からなるその町並みを忠実に復原している。訪れた際には、「遠見遮断方式」と呼ばれる防護策をぜひ体感してみよう。この防護策は道を湾曲させることで進入してきた敵は先が見えづらく、こちらからは敵の姿がよく見える仕組みだ。

1 当時の様子をより鮮明にイメージできる「生活再現」は、休日に実施される人気イベントだ
2 武士、商人、町人姿の人々が行き交い、城下町の賑わいが現代で再現される。タイムスリップしたような体験を味わえる

TRAVEL PLAN

戦国ファン必見の現代に蘇る城下町、一乗谷朝倉氏遺跡からスタートし、明智光秀の居住跡、明智神社へ。主要スポットをたどり歴史ロマンに浸ろう。

COURSE

- 09:40 福井駅
  - ↓ 車で20分
- 10:00 福井県立一乗谷朝倉氏遺跡博物館
  - ↓ 車で5分
- 11:00 一乗谷朝倉氏遺跡
  - ↓ 車で15分
- 15:00 明智神社
  - ↓ 車で20分
- 15:30 福井駅

福井県立一乗谷朝倉氏遺跡博物館
ふくいけんりついちじょうだに あさくらしいせきはくぶつかん

戦国時代の実像 多角的に学ぶ

MAP P.151- 1

戦国大名・朝倉氏の歴史を楽しく学べる博物館。遺跡と併せて訪れることで理解がより深まる。

📞0776-41-7700 🚃越美北線・一乗谷から徒歩3分 🏠福井県福井市安波賀中島町8-10 ⏰9:00～17:00 休月曜 🅿️あり

朝倉義景が暮らした朝倉館の一部を原寸で再現

30分の1のスケールで再現した城下町ジオラマは必見

一乗谷朝倉氏遺跡
いちじょうだにあさくらしいせき

町家や武家屋敷などの城下町を再現した復原町並

四季折々の景観とともに彩りを変える魅力的な庭園

明智神社
あけちじんじゃ

MAP P.151- 2

明智光秀の居住跡として知られ、命日である6月13日には明智光秀公の坐像が御開帳される。

光秀公の木彫り坐像がご神体として奉られている

📞なし 🚗北陸自動車道・福井ICから約8km 🏠福井県福井市東大味町 休見学自由 🅿️あり

明智光秀の ゆかりの地

集落・遺跡ノスタルジア

151

新潟県 MAP P.171 E-3

荻ノ島かやぶきの里
おぎのしまかやぶきのさと

田を囲む古民家たち
里山文化を追体験する

絶景ポイント
田んぼ越しに民家を
荻ノ島の美しい環状集落をカメラに収めるなら、田んぼ越しに民家をとらえると風景の魅力がいっそう引き立つ

かやぶき屋根の民宿「荻の家」と「島の家」がある。静かな環境のなかで、農村の魅力を存分に満喫できる

> 茅葺き屋根の家々が田んぼを囲む荻ノ島集落。車ですぐの「道の駅 じょんのびの里」では日帰り温泉が楽しめる。

のどかな風景と人々の温かなつながりが息づく、美しい環状集落「荻ノ島」。田を囲むように民家が立ち並ぶ姿は全国的にも珍しく、多くの観光客や写真愛好家を魅了している。刈羽黒姫山と男山の麓、鯖石川の左岸に広がる小さな扇状地で、西側を流れる沢の水を村の中に引き込み、南北に水路をめぐらせたことで自然と共生する環状集落が生まれたといわれている。集落の周辺では縄文時代中期の土器や貝塚が発掘されており、この地が縄文人の生活の場であったことを物語っている。

夕焼けに染まる茅葺き屋根の家々と田んぼ。まるで昔話のなかの風景のように美しい

美しい国指定名勝庭園

貞観園
ていかんえん
MAP P.153

苔に覆われた江戸後期の日本庭園。建物の中からゆったりと庭を観賞できる。襖絵や歴代当主が蒐集した美術品も鑑賞できる。

☎0257-41-2100（公益財団法人 貞観園保存会）
交 関越自動車道・六日町ICから約37km
所 新潟県柏崎市高柳町岡野町593
開 9:00～17:00
休 月曜（祝日の場合は翌日）、12～5月
P あり

ACCESS
アクセス

越後湯沢駅
↓ JR上越線で21分
六日町駅
↓ 北越急行ほくほく線で30分
まつだい駅
↓ 県道12号など約13km
荻ノ島かやぶきの里

六日町駅にJR上越線と北越急行ほくほく線が乗り入れているので直通運転がある。まつだい駅からはタクシーでアクセス。北陸自動車道・柏崎ICから約24km

INFORMATION
問い合わせ先

合同会社 荻ノ島ふるさと村組合
☎0257-41-3252

DATA
観光データ

所 新潟県柏崎市高柳町荻ノ島1090-2
開 休 宿泊は要事前予約（詳細は公式サイトを要確認） P あり

BEST TIME TO VISIT
訪れたい季節

夏にはホタルが飛び交い、田は緑に彩られる。秋は集落の中央にある田んぼが黄金色に輝き、実った稲穂が静かに広がる。冬には雪化粧をした茅葺き屋根が、風情を感じさせる。

集落・遺跡ノスタルジア

153

石川県 MAP P.170 B-3
真脇遺跡
まわきいせき

はるか太古の音が聞こえる
時を超え縄文人の気配

絶景ポイント
環状木柱列の中から
環状木柱列の中央に立つと、青空に向かって立ち並ぶ柱が視界に広がり、力強いパワーを感じられる

太陽の光が環状木柱列の柱に差し込み、影がゆっくりと長く伸びていく様子が美しい

遺跡の出土品をモチーフにしたオブジェや野外劇場などもある

> 北陸最大級で縄文時代の、全国でも稀にみる長期定住型遺跡。北陸独特の「おさかな土器」として知られる真脇式土器も出土。

約4000年にわたり、人々が暮らし続けた非常に珍しい長期定住型の遺跡。国の史跡にも指定され、栗の丸太を円形に並べた「環状木柱列」や大量のイルカの骨など全国的にも貴重な出土品や遺構が発見されている。これらは遺跡のすぐそばにある真脇遺跡縄文館で展示され、出土品の観賞に加え、土器作りや古代米作りなどの体験プログラムも楽しめる。遺跡では晩期に築かれた環状木柱列が復元されており、当時の暮らしを感じられる貴重なスポットとなっている。

集落・遺跡ノスタルジア

> 視界が広いため、星空観賞に最適。静かな広場に寝転んで、天の川が広がる美しい夜空を心ゆくまで眺めたい。

ACCESS
アクセス

七尾駅
↓ のと鉄道で40分
穴水駅
↓ 北鉄奥能登バスで60分
縄文真脇温泉口バス停

縄文真脇温泉口バス停から徒歩5分。能越自動車道・のと里山空港ICから約35km

INFORMATION
問い合わせ先
真脇遺跡縄文館 ☎0768-62-4800

DATA
観光データ
所 石川県能登町真脇48-100 開 真脇遺跡縄文館9:00～17:00 休 月・火曜 料 330円、小・中・高生160円※遺跡は見学自由 Pあり

BEST TIME TO VISIT
訪れたい季節
天の川が最も美しく見えるのは7～9月。冬の夜空には一等星が多く輝き、冬の大三角形をはじめとした明るく華やかな星々が広がる。流星群の観賞をするなら、12月中旬の「ふたご座流星群」、8月中旬の「ペルセウス座流星群」が特におすすめ。

COLUMN

農村の風物詩が生み出す風景

農村に残る伝統のはさ木

広大な田んぼの農道に等間隔で植えられた樹木。刈り取った稲を干すための
はさ木(稲架木)と呼ばれるもので、かつては新潟平野に多く見られた用の美だ。

豪雪地帯の雪のなか
凛然と並び立つ樹木

季節で趣が変わる
田園風景のアクセント

夏井のハザ木
なついのハザき

新潟県新潟市　MAP P.171 E-2

秋の収穫時には横竹を渡し何段も稲をかけた風景が「金屏風」と称されていた越後平野の風物詩。水に強いトネリコの木を用いた夏井では自治会によって約600本のはさ木が保存され、後世に残す風景が守られている。

☎0256-72-8454(新潟市西蒲区役所産業観光課)　交北陸自動車道・巻潟東ICから約12km
所新潟県新潟市西蒲区夏井　料見学自由　Pあり

農道の両サイドを
まっすぐに伸びる並木

田園の風景に
忽然と現れる

池ケ原はさ木
いけがはらはさぎ

新潟県小千谷市　MAP P.171 E-3

山本山の裾に位置する池ケ原のはさ木は、そのたたずまいに魅了され多くの写真家が訪れる。どこか懐かしさを感じるのは、ここに暮らす人々の生活や農業の営みがあっての風景だからこそ。

☎0258-83-3512　交関越自動車道・小千谷ICから約7km、またはJR小千谷駅から路線バス・池ケ原下車、徒歩15分　所新潟県小千谷市池ケ原　料見学自由　Pなし

写真家に人気があり
CM撮影もされている

地元の農家が大切に守る
心なごむ原風景

満願寺稲架木並木
まんがんじはさぎなみき

新潟県新潟市　MAP P.171 F-2

この地区で水田を区画整理した際、26軒の農家が協力して昭和18~20年(1943~45)に各地のはさ木を移植。約1kmにわたって続く並木道は種籾(たねもみ)採取の指定を受けた際に、良質な種籾の自然乾燥の場として残され今に続く。

☎0250-25-5671　交磐越自動車道・新津ICから約2.2km／JR新津駅から徒歩30分　所新潟県新潟市秋葉区満願寺　料見学自由　Pなし

156

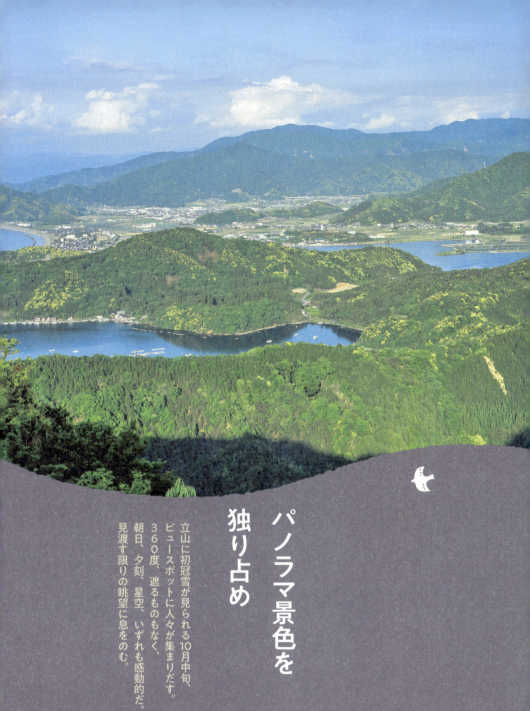

パノラマ景色を独り占め

立山に初冠雪が見られる10月中旬、ビュースポットに人々が集まりだす。360度、遮るものもなく、朝日、夕刻、星空、いずれも感動的だ。見渡す限りの眺望に息をのむ。

福井県 MAP P.172 B-4

三方五湖 レインボーライン山頂公園
みかたごこ レインボーラインさんちょうこうえん

5つの湖を俯瞰する
心弾むドライブロード

山々に囲まれた三方五湖を一望できるパノラマスポット。ソファに横たわり圧倒的な開放感を味わいながら贅沢な時間を過ごそう

訪れたい時間帯

晴れた昼間がベスト

レインボーライン山頂公園からは青空をバックに五湖それぞれの青、そして空と海を加えた7色のブルーを楽しめる

パノラマ景色を独り占め

> 標高400mの山頂から大パノラマ広がる「三方五湖に浮かぶ天空のテラス」。ソファや足湯などが設置された5カ所のテラスはカフェやバラ園、開運スポットなど見どころ豊富。

三方五湖は水質や水深の違いからそれぞれの青の濃度が異なるため「五色の湖」とも呼ばれる。神秘的な5色の湖と空、そして日本海が生み出す"七色のブルー"が「レインボーライン」の名前の由来となっている。リフトやケーブルカーで約2分、山頂には三方五湖や若狭湾を一望できる全天候型の5つのテラスが備えられ、各展望台でまったく異なる景色を思い思いのスタイルで楽しむことができる。福井グルメを味わえるカフェやフォトスポットも充実しているので、お気に入りの場所を見つけてのんびり過ごしたい。

季節の風を楽しめるカラフルなリフト。1基だけピンク色の特別仕様

ACCESS
アクセス

敦賀IC
↓ 舞鶴若狭自動車道で約23km
若狭三方IC

若狭三方ICから約9km。レインボーライン山頂公園へは徒歩で入園できない。鉄道利用時はJR美浜駅からタクシーで15分(約12km)

INFORMATION
問い合わせ先

レインボーライン山頂公園
☎0770-47-1170

DATA
観光データ

所 福井県美浜町日向75-2-6 時 8:00～18:00(夜間通行止め、時期により変動あり) 料 入園1000円(リフト・ケーブルカー代含む) 休 2月上旬※公式サイト要確認(県道三方五湖レインボーライン線は通行可) P あり

BEST TIME TO VISIT
訪れたい季節

春のヤマザクラ、秋のモミジなど季節ごとの美しさを楽しめるレインボーライン山頂公園。バラ園では110種600株を栽培。日本海と空の青をバックに春と秋に咲き誇るバラは撮影スポットとしても人気。冬は紫外線が入らないため湖面は黒く染まり鏡のように空や山々を映し出す。

TRAVEL PLAN

観光船で湖上散歩を楽しんだあとは、山頂から5色の美しいブルーを堪能。湖周辺には人気の日帰り温泉施設や天然ウナギを味わえるスポットも。

若狭町観光船レイククルーズ
わかさちょうかんこうせんレイククルーズ

MAP P.160-①

三方五湖のうち水月湖と菅湖を一周する遊覧船。船内での食事や「野鳥の宝庫」とも呼ばれる豊かな自然を堪能できる。

☎0770-47-1127 舞鶴若狭自動車道・若狭三方ICから約14km 福井県若狭町海山68-20 9:00〜17:00 木曜、12月中旬〜2月末 1800円 あり

眺望豊かな40分のクルージング

冷暖房完備の1階席と景観を満喫できる2階席

COURSE

09:30	若狭三方IC
↓	車で20分
10:00	若狭町観光船レイククルーズ
↓	車で10分
11:00	三方五湖 レインボーライン 山頂公園
↓	車で15分
16:00	みかた温泉きららの湯
↓	車で5分
18:30	若狭三方IC

山頂の5つの展望台からは異なる景色を楽しもう

三方五湖 レインボーライン 山頂公園
みかたごこ レインボーライン さんちょうこうえん

眼下に三方五湖と日本海が広がる「天空の足湯」

大きなソファでゆったりくつろげる「五湖テラス」

パノラマ景色を独り占め

みかた温泉きららの湯
みかたおんせんきららのゆ

MAP P.160-②

どこか懐かしい純和風の温泉施設。岩風呂の「虹の湯」と檜風呂の「縄文の湯」の2種類の露天風呂は週ごとに男女が入れ替わる。

☎0770-45-1126 舞鶴若狭自動車道・若狭三方ICから約4km 福井県若狭町中央1-6-1 10:00〜22:00 第1水曜 650円 あり

地元若狭の特産品の梅を使ったおみやげも販売

多彩な湯を楽しめる
人気の日帰り温泉

LUNCH

行列必至 イカの名店
ドライブインよしだ
ドライブインよしだ

MAP P.160-③

イカと山芋が相性抜群の名物・イカ丼1900円

☎0770-47-1438 舞鶴若狭自動車道・若狭三方ICから約14km 福井県若狭町海山70-3 10:00〜17:00(売り切れ次第終了) 不定休 あり

露天風呂「虹の湯」は高級感あふれる岩風呂

涼しい木陰でゆったりくつろげるレインボーライン山頂公園の「ハンモック広場」

富山県 MAP P.173 D-2

散居村展望広場
さんきょそんてんぼうひろば

夕日の光芒は一期一会
砺波平野のノスタルジー

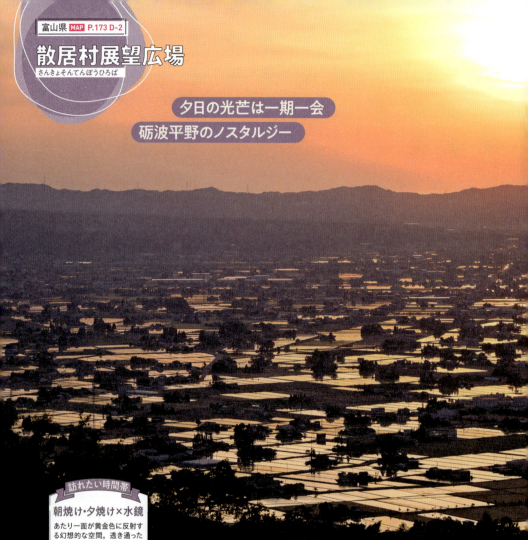

訪れたい時間帯

朝焼け・夕焼け×水鏡

あたり一面が黄金色に反射する幻想的な空間。透き通った自然の空気と、反射する水鏡が人気のスポット

青と緑のコントラストが美しい砺波平野の散居景観。夕暮れどきとは別の景色となる

> ノスタルジックな里山を一望できる絶景スポット。幻想的な風景はシーズンごとに違う顔になる。

日本最大といわれている砺波平野の散居村。約7000戸の家敷が約220km²の広い平野のなかに散らばって建てられている。「カイニョ」と呼ばれている各々の家は、屋敷林をめぐらせ建てられている。これが砺波平野に広がる散居村の特徴だ。夏には強い日差し、冬には厳しい季節風や吹雪から人々の暮らしを守る立派な屋敷林は大切に育てられている。散居村の美しさは標高433mにある展望台から見渡すことができる。展望台からの壮大な景観は天気が良い日には遠く立山連峰や富山湾も望むことができる。

ACCESS
アクセス

富山駅
↓ あいの風とやま鉄道で17分
高岡駅
↓ JR城端線で23分
砺波駅

砺波駅から車で25分。北陸自動車道・砺波ICから約13.5km、高岡砺波スマートICから約16.5km

INFORMATION
問い合わせ先

砺波市商工観光課
☎0763-33-1397

DATA
観光データ

所 富山県砺波市五谷160 開休料 見学自由(12月上旬～3月下旬は積雪のため道路を閉鎖) Pあり

BEST TIME TO VISIT
訪れたい季節

田に水が張られる4～5月の夕暮れの時間帯に幻想的な光景が見られる。また、あたり一面が黄金色に変わる秋の雰囲気もおすすめ。

パノラマ景色を独り占め

日没前の散居村。水鏡に反射した夕焼けの時間帯のみ顔を出す幻想的な空間は、自然にしか生み出せない光景

美しい自然を味わえる展望広場「とやまビューポイント」。バリアフリーで大型駐車場完備

周辺のスポット

庄川水記念公園
しょうがわみずきねんこうえん
MAP P.162

庄川観光の拠点。園内の施設では特産品などを販売している。足湯もある。
☎0763-82-5696 ◆北陸自動車道・砺波ICから約10km ◆富山県砺波市庄川町金屋1550 開休料 見学自由(12月上旬～2月末火曜休業) Pあり

日本海や立山連峰が見えることもある絶景スポット。天気の良い日に訪れたい

巨大水車が目印 ひと息スポット

庄川ウッドプラザでは名物のゆずソフトクリームが人気

石川県 MAP P.172 C-2

獅子吼高原（パーク獅子吼）
ししくこうげん（パークししく）

ゴンドラに乗って山頂へ
扇状地を見晴らす空の旅

訪れたい時間帯
青空もサンセットも
自然が生み出す壮大な景観が昼夜を問わず楽しめる。どこを切り取っても絵になる至高の瞬間を胸に刻もう

初心者向けのパラグライダー体験コースが充実。スカイスポーツのメッカで、空と一体となる開放感を体感しよう

164

標高650mの高原へは、ゴンドラでアクセス。山頂からは加賀平野と手取川の扇状地が作るパノラマを一望でき「日本の夜景100選」にも選ばれるほどの美しい夜景も楽しめる。

ゴンドラ乗り場周辺には人々の出会いや交流が生まれるレジャーエリアが広がり、何度訪れても新たな発見があるスポットだ。なかでも人気なのが日本一の木彫り夫婦獅子頭や世界中から集められた獅子を紹介する「獅子ワールド館」。獅子頭のルーツや民俗文化での役割をテーマに展示が進められている。そのほか無料休憩所の「ふれあい館」、子どもが体を動かして遊べるアスレチック施設の「池辺いこいの広場」、バーベキュー会場(期間限定)、カフェやレストランなどの施設も充実している。

パラグライダーのメッカ

スカイ獅子吼
スカイししく

MAP P.165

スカイスポーツの聖地として広く知られ、その歴史は20年以上。雄大な景色を眺めながらひと息つけるカフェも併設。

☎076-272-0600 ✉パーク獅子吼からゴンドラで5分(登山道あり) 所石川県白山市八幡町リ110 開10:00～17:00 休火曜、冬期

周辺のスポット

金劔宮
きんけんぐう

金運が上がるパワースポット

MAP P.165

富士山2合目の新屋山神社、千葉県の安房神社と並ぶ「日本三大金運神社」のひとつとされ、多くの経営者や財界人が参拝に訪れる。2000年以上の歴史を持ち、木曽義仲や源義経などの武将や歴代藩主も崇敬を捧げてきた。

☎076-272-0131 ✉北陸鉄道・鶴来駅から徒歩12分 所石川県白山市鶴来日詰町巳118-5 開9:00～12:00 13:00～16:00 休無休 Pあり

神秘的な雰囲気をまとう、ガラス張りの拝殿

源義経が奥州へ向かう途中に立ち寄り、この石に腰掛けたと伝わる「義経腰掛石」

ACCESS
アクセス

金沢駅
↓ IRいしかわ鉄道で3分
西金沢駅
↓ 北陸鉄道石川線で29分
鶴来駅

鶴来駅から車で5分。北陸自動車道・白山ICから約16km

INFORMATION
問い合わせ先

パーク獅子吼 ☎076-273-8449

DATA
観光データ

所石川県白山市八幡町リ110 開見学自由 休火曜、冬期の火・金曜 ※施設により異なる Pあり

BEST TIME TO VISIT
訪れたい季節

通常は夕方17時までの営業だが、5～10月の毎月第2土曜にはサンセット営業が実施される。この期間中は日本海に沈む夕日が加賀平野を黄金色に染め上げる様子や「日本の夜景100選」にも選ばれた壮麗な夜景をたっぷり堪能できる。併せて多彩なイベントも開催されており、いっそう盛り上がりをみせるサンセット営業の機会は見逃せない。

パノラマ景色を独り占め

富山県 MAP P.173 D-1
呉羽山公園
くれはやまこうえん

立山連峰の勇姿を仰ぐ
パノラマビューの特等席

訪れたい時間帯
12〜3月の午後
午前中は逆光になるので13〜17時頃の時間帯がおすすめ。市内各所からも望めるので最適な時間帯や季節が異なる

富山県美術館のユニークな「オノマトペの屋上」から立山連峰のナイスビューが見られる

「呉羽山公園都市緑化植物園」をはじめ、近くを流れる松川沿いなど自生のヒガンバナが咲く

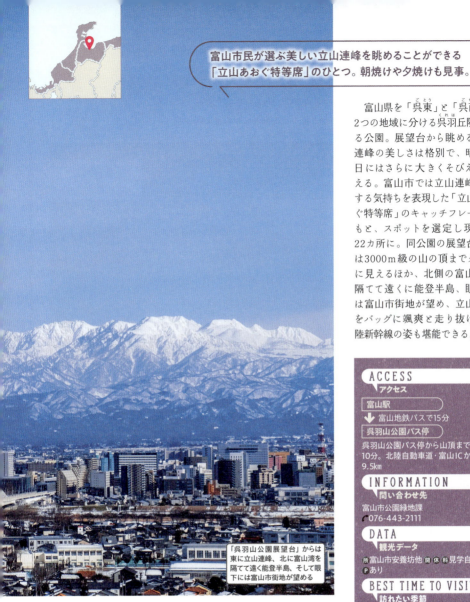

富山市民が選ぶ美しい立山連峰を眺めることができる「立山あおぐ特等席」のひとつ。朝焼けや夕焼けも見事。

富山県を「呉東」と「呉西」の2つの地域に分ける呉羽丘陵にある公園。展望台から眺める立山連峰の美しさは格別で、晴れた日にはさらに大きくそびえて見える。富山市では立山連峰を愛する気持ちを表現した「立山あおぐ特等席」のキャッチフレーズのもと、スポットを選定し現在に22ヵ所に。同公園の展望台からは3000m級の山の頂までクリアに見えるほか、北側の富山湾を隔てて遠くに能登半島、眼下には富山市街地が望め、立山連峰をバックに颯爽と走り抜ける北陸新幹線の姿も堪能できる。

パノラマ景色を独り占め

「呉羽山公園展望台」からは東に立山連峰、北に富山湾を隔てて遠く能登半島、そして眼下には富山市街地が望める

ACCESS
アクセス

富山駅
↓ 富山地鉄バスで15分
呉羽山公園バス停

呉羽山公園バス停から山頂まで徒歩10分。北陸自動車道・富山ICから約9.5km。

INFORMATION
問い合わせ先

富山市公園緑地課
📞 076-443-2111

DATA
観光データ

所 富山市安養坊他　開休料 見学自由
P あり

BEST TIME TO VISIT
訪れたい季節

立山連峰が雪冠するシーズンは11〜6月頃。初冠雪は例年10月上旬で一夜にして雪をまとう山々も美しい。12月からは完全に根雪になり真っ白な山肌と稜線、冬の晴れた日の富山ならではの青空とのコラボが見どころだ。

展望台近くの長慶寺にある五百羅漢。富山市の指定文化財として登録されている

COLUMN

大輪に込められた願い

夜空を彩る大花火

川の流れや夜の日本海、そして山あいを舞台に息つく間もない華麗なひととき。
400年余続いたの歴史をつなぎ未来への希望を託してパッと咲く。

ミュージックスターマインの長岡人のイメージソング「故郷はひとつ」

幅2kmにおよぶ「復興祈願花火フェニックス」は、中越地震復興を祈願

地元・長岡、新潟を超えて
すべての復興の地に大輪を

長岡まつり大花火大会
ながおかまつりだいはなびたいかい

新潟県長岡市 MAP P.171E-3

日本一の長さを誇る信濃川の両岸を会場に約1万5000発の花火が競演。昭和20年(1945)8月1日の長岡空襲の慰霊と復興を願って花火大会が始まり、平成16年(2004)10月の新潟県中越地震からの復興祈願など、市民の願いが込められた大輪の花火は人々の心を打つ。

☎0570-00-8283(長岡花火財団)
交JR長岡駅から徒歩30分 所新潟県長岡市大手通2-6 長岡市役所大手通庁舎6F 開毎年8月2日・3日

日本海に美しい半円を描く水中花火

北陸最大級の水中花火
花火師が船上から海へ投入

三国花火大会
みくにはなびたいかい

福井県坂井市 MAP P.172B-2

水中スターマイン、音楽スターマイン、10号玉一斉打上オリジナル芸術花火など見どころ満載。名物は花火師が船から直接海に尺玉を投げ込む水中花火。"猛爆"と表現されるグランドフィナーレの花火の音は、三国に本格的な夏の訪れを告げる。

☎0776-50-3152（三国花火大会実行委員会事務局）北陸自動車道・丸岡ICから約20km 三国サンセットビーチ、九頭竜川ボートパーク 8月第2日曜

斜め打ちのスクランブルスターマイン

全国の花火師による
北陸最大の北國芸術花火

北國大花火川北大会
ほっこくおおはなびかわきたたいかい

石川県川北町 MAP P.173C-2

花火大会の花形の10号玉やフィナーレでの2000連発など圧倒的なスケール感で約2万発の花火が打ち上げられる北陸最大規模で、石川県を代表する花火大会。地元の手取川大水害の復興に尽くした先人への感謝の思いと能登半島地震の被災地の復興への願いが託されている。

☎076-260-3581（北國新聞社事業部）JR美川駅から車で15分 川北町手取川河川敷 8月第1土曜

高さ約800m、直径約800mの四尺玉

ギネスブックにも掲載
世界一大きい正四尺玉

片貝まつり
かたかいまつり

新潟県小千谷市 MAP P.171E-3

山に囲まれた場所の花火は地響きのような豪快な破裂音が特徴的。地元・浅原神社の秋季例大祭で花火は神社への奉納で今から400年前の江戸時代初期に始まったと伝わる。「片貝町民一同」が新成人へのお祝いに、世界一の四尺玉花火を打ち上げるのが恒例となっている。

☎0258-84-3900（片貝町煙火協会）関越自動車道・小千谷ICから約9km 新潟県小千谷市片貝町 9月9日・10日

INDEX

あ 青の洞窟 ・・・・・・・・・・・・・・・・・・ 石川県　13
　　青葉山 ・・・・・・・・・・・・・・・・・・・・ 福井県　15
　　悪城の壁 ・・・・・・・・・・・・・・・・・・ 富山県　102
　　明智神社 ・・・・・・・・・・・・・・・・・・ 福井県　151
　　あさひ舟川「春の四重奏」・・・・・・・ 富山県　50
　　足羽川渓谷 ・・・・・・・・・・・・・・・・ 福井県　94
　　雨晴海岸 ・・・・・・・・・・・・・・・・・・ 富山県　24
　　鮎料理の店 鮎の里 ・・・・・・・・・・ 富山県　91
　　粟津温泉総湯 ・・・・・・・・・・・・・・ 石川県　127
　　池ケ原はさ木 ・・・・・・・・・・・・・・ 新潟県　156
　　磯辺行久記念 越後妻有清津倉庫美術館[SoKo]
　　・・・・・・・・・・・・・・・・・・・・・・・・・・ 新潟県　85
　　市島邸 ・・・・・・・・・・・・・・・・・・・・ 新潟県　49
　　一乗谷朝倉氏遺跡 ・・・・・・・・・・・ 福井県　148
　　乾側(丁)地区のシバザクラ ・・・・・ 福井県　60
　　戌山城址 ・・・・・・・・・・・・・・・・・・ 福井県　107
　　井の上 ・・・・・・・・・・・・・・・・・・・・ 福井県　121
　　いもり池 ・・・・・・・・・・・・・・・・・・ 新潟県　80
　　イヨボヤ会館 ・・・・・・・・・・・・・・・ 新潟県　17
　　宇奈月温泉総湯「湯めどころ宇奈月」 富山県　77
　　越前大野城 ・・・・・・・・・・・・・・・・ 福井県　104
　　越前がにミュージアム ・・・・・・・・ 福井県　69
　　越前海岸 ・・・・・・・・・・・・・・・・・・ 福井県　66
　　欧風料理とケーキのお店 Le Tamps ・・・・・・・ 新潟県　49
　　おおかみこどもの花の家 ・・・・・・ 富山県　92
　　大野亀 ・・・・・・・・・・・・・・・・・・・・ 新潟県　43
　　大牧温泉 ・・・・・・・・・・・・・・・・・・ 富山県　90
　　荻ノ島かやぶきの里 ・・・・・・・・・ 新潟県　152
　　雄島 ・・・・・・・・・・・・・・・・・・・・・・ 福井県　9
　　音海大断崖 ・・・・・・・・・・・・・・・・ 福井県　14
　　想影展望台 ・・・・・・・・・・・・・・・・ 富山県　77
　　尾山神社 ・・・・・・・・・・・・・・・・・・ 石川県　125
か 海王丸 ・・・・・・・・・・・・・・・・・・ 富山県　137
　　加賀伝統工芸村 ゆのくにの森 ・・ 石川県　127
　　鶴仙渓 ・・・・・・・・・・・・・・・・・・・・ 石川県　86
　　鶴仙渓川床 ・・・・・・・・・・・・・・・・ 石川県　87
　　角田岬灯台 ・・・・・・・・・・・・・・・・ 新潟県　30
　　加佐の岬 ・・・・・・・・・・・・・・・・・・ 石川県　28
　　かずら橋 ・・・・・・・・・・・・・・・・・・ 福井県　97
　　片貝まつり ・・・・・・・・・・・・・・・・ 新潟県　169
　　金沢城公園 ・・・・・・・・・・・・・・・・ 石川県　125

金沢21世紀美術館 ・・・・・・・・・・・・・・ 石川県　125
Cafe Spiel ・・・・・・・・・・・・・・・・・・・・・・ 富山県　55
上古町商店街 ・・・・・・・・・・・・・・・・・・ 新潟県　141
亀蔵 ・・・・・・・・・・・・・・・・・・・・・・・・・・ 福井県　59
加茂湖 ・・・・・・・・・・・・・・・・・・・・・・・・ 新潟県　44
北沢浮遊選鉱場跡 ・・・・・・・・・・・・・・ 新潟県　41
清津峡 ・・・・・・・・・・・・・・・・・・・・・・・・ 新潟県　82
清津峡渓谷トンネル ・・・・・・・・・・・・・ 新潟県　85
金劔宮 ・・・・・・・・・・・・・・・・・・・・・・・・ 石川県　165
空中展望台スカイバード ・・・・・・・・・・ 石川県　13
九頭竜湖カヤックツアー ・・・・・・・・・・ 福井県　135
九頭竜湖 夢のかけはし ・・・・・・・・・・ 福井県　132
九頭竜ダム ・・・・・・・・・・・・・・・・・・・・ 福井県　135
呉羽山公園 ・・・・・・・・・・・・・・・・・・・・ 富山県　166
くろば温泉 ・・・・・・・・・・・・・・・・・・・・ 富山県　147
黒部川堤防桜堤 ・・・・・・・・・・・・・・・・ 富山県　70
黒部峡谷 ・・・・・・・・・・・・・・・・・・・・・・ 富山県　74
黒部峡谷トロッコ電車 ・・・・・・・・・・・・ 富山県　77
黒部平 ・・・・・・・・・・・・・・・・・・・・・・・・ 富山県　100
黒部ダム ・・・・・・・・・・・・・・・・・・・・・・ 富山県　98
guesthouse & cafe ココラカラ ・・・・・・・・ 福井県　97
氣多大社 ・・・・・・・・・・・・・・・・・・・・・・ 石川県　23
気比の松原 ・・・・・・・・・・・・・・・・・・・・ 福井県　37
兼六園 ・・・・・・・・・・・・・・・・・・・・・・・・ 石川県　122
五箇山菅沼合掌造り集落 ・・・・・・・・・ 富山県　144
五箇山民俗館 ・・・・・・・・・・・・・・・・・・ 富山県　147
呼鳥門 ・・・・・・・・・・・・・・・・・・・・・・・・ 福井県　69
さ 笹川流れ ・・・・・・・・・・・・・・・・・・ 新潟県　16
佐渡島 ・・・・・・・・・・・・・・・・・・・・・・・・ 新潟県　40
佐渡西三川ゴールドパーク ・・・・・・・・ 新潟県　44
茶房 掌 ・・・・・・・・・・・・・・・・・・・・・・・・ 富山県　147
散居村展望広場 ・・・・・・・・・・・・・・・・ 富山県　162
山伏 ・・・・・・・・・・・・・・・・・・・・・・・・・・ 福井県　121
サンセットヒルイン増穂 ・・・・・・・・・・ 石川県　20
gelateria CICCI ・・・・・・・・・・・・・・・・・・・・ 福井県　107
枝折峠 ・・・・・・・・・・・・・・・・・・・・・・・・ 新潟県　108
時雨亭 ・・・・・・・・・・・・・・・・・・・・・・・・ 石川県　125
獅子吼高原(パーク獅子吼) ・・・・・・・・ 石川県　164
史跡 佐渡金山 ・・・・・・・・・・・・・・・・・・ 新潟県　42
庄川峡 ・・・・・・・・・・・・・・・・・・・・・・・・ 富山県　88
庄川峡湖上遊覧船 ・・・・・・・・・・・・・・ 富山県　91
庄川水記念公園 ・・・・・・・・・・・・・・・・ 富山県　163
称名滝 ・・・・・・・・・・・・・・・・・・・・・・・・ 富山県
　　　　　　　　　　　　　　　　　　　　　100・102
食堂ニューミサ ・・・・・・・・・・・・・・・・・・ 新潟県　63
白米千枚田 ・・・・・・・・・・・・・・・・・・・・ 石川県　110
真宗大谷派(東本願寺)井波別院 瑞泉寺 ・富山県　91

神通峡	富山県	78	
新湊大橋	富山県	136	
新湊きっときと市場	富山県	136	
スカイ獅子吼	石川県	165	
杉沢の沢スギ	富山県	71	
珠洲岬	石川県	10	
スターバックス コーヒー 富山環水公園店	富山県	142	
赤城山 西福寺（開山堂）	新潟県	108	
尖閣湾揚島遊園	新潟県	43	
千巌渓	富山県	92	
セントピアあわら	福井県	9	
蔵六園	石川県	28	
そば処 一福	福井県	97	

た 大膳神社 能舞台 … 新潟県 43

大日岳登山口	富山県	102	
大本山 永平寺	福井県	118	
高田城址公園	新潟県	72	
滝見台園地	富山県	102	
たくさんの失われた窓のために	新潟県	85	
立山黒部アルペンルート	富山県	98	
中華そば 一力	福井県	37	
千里浜なぎさドライブウェイ	石川県	22	
津南ひまわり広場	新潟県	64	
TSURUGA POLT SQUARE otta	福井県	37	
貞観園	新潟県	153	
東尋坊	福井県	6	
東尋坊観光遊覧船	福井県	9	
砺波チューリップ公園	富山県	54	
ドライブインよしだ	福井県	161	

な 苗名滝 … 新潟県 80

長岡まつり大花火大会	新潟県	168	
那谷寺	石川県	126	
夏井のハザ木	新潟県	156	
新潟市マンガの家	新潟県	141	
新潟日報 メディアシップ	新潟県	141	
新潟ワインコースト	新潟県	33	
西山公園	福井県	56	
西山公園動物園	福井県	58	
奴奈川キャンパス	新潟県	115	
農家の息子が作る食堂 さんかくとまる	新潟県	141	
能登島	石川県	38	
のとじま水族館	石川県	39	

は 白山平泉寺歴史探遊館まほろば … 福井県 129

弾埼灯台	新潟県	44	
判官舟かくし	新潟県	33	
萬代橋	新潟県	138	
美人林	新潟県	116	

ヒスイ海岸	富山県	52	
氷見漁港場外市場 ひみ番屋街	富山県	27	
氷見市海浜植物園	富山県	27	
富岩運河環水公園	富山県	142	
富岩水上ライン	富山県	142	
福井県立一乗谷朝倉氏遺跡博物館	福井県	151	
武家屋敷旧田村家	福井県	107	
ふるさとの宿 こばせ	福井県	69	
平泉寺白山神社	福井県	128	
弁慶のはさみ岩	新潟県	44	
星峠宿 CHAYA	新潟県	115	
星峠の棚田	新潟県	112	
北國大花火 川北大会	石川県	169	

ま まちの駅よいとこ井波 … 富山県 91

松ヶ峯の桜	新潟県	62	
真脇遺跡	石川県	154	
満願寺稲架木並木	新潟県	156	
みかた温泉きららの湯	福井県	161	
三方五湖 レインボーライン山頂公園	福井県	158	
三国花火大会	福井県	169	
みくりが池	富山県	101	
水島	福井県	34	
水の公園 福島潟	新潟県	46	
見玉不動尊	新潟県	65	
道の駅 雨晴	富山県	27	
道の駅 越前	福井県	69	
道の駅 九頭竜	福井県	135	
道の駅 禅の里	福井県	121	
道のオアシス フォーシーズンテラス	福井県	97	
明宣寺 五重塔	新潟県	44	
明鏡洞	福井県	15	
めがねミュージアム	福井県	59	

や ヤセの断崖 … 石川県 18

矢ばなの里	福井県	61	
彌彦神社 御神廟	新潟県	130	
やまびこ遊歩道	富山県	77	
雪の大谷	富山県	101	
ヨーロッパンキムラヤ	福井県	59	
寄り道パーキング 名舟	石川県	111	

ら 楽今日館 … 富山県 79

レストハウス称名	富山県	102	
レストランおおとく	福井県	9	
禄剛埼灯台	石川県	13	

わ 若狭町観光船レイククルーズ … 福井県 161

STAFF

編集制作 Editors
(株)K&Bパブリッシャーズ

取材・執筆 Writers
蟹澤純子　伊勢本ポストゆかり
片瀬ケイ　山上絵里

本文・表紙デザイン Cover & Editorial Design
(株)K&Bパブリッシャーズ

表紙写真 Cover Photo
PIXTA

地図制作 Maps
トラベラ・ドットネット(株)
尾﨑健一
山本眞奈美(DIG.Factory)

写真協力 Photographs
関係諸施設
関係各市町村観光課・観光協会
PIXTA

総合プロデューサー Total Producer
河村季里

TAC出版担当 Producer
君塚太

エグゼクティブ・プロデューサー
Executive Producer
猪野樹

おとな旅プレミアム
日本の絶景 北陸

2025年4月18日　初版　第1刷発行

著　　　者	TAC出版編集部
発　行　者	多　田　敏　男
発　行　所	TAC株式会社　出版事業部
	（TAC出版）

〒101-8383 東京都千代田区神田三崎町3-2-18
電話　03(5276)9492(営業)
FAX　03(5276)9674
https://shuppan.tac-school.co.jp

印　　　刷	株式会社　光邦
製　　　本	東京美術紙工協業組合

©TAC 2025　Printed in Japan　　　　ISBN978-4-300-11647-0
N.D.C.291　　　　　　落丁・乱丁本はお取り替えいたします。

本書は，「著作権法」によって，著作権等の権利が保護されている著作物です。本書の全部または一部につき，無断で転載，複写されると，著作権等の権利侵害となります。上記のような使い方をされる場合には，あらかじめ小社宛許諾を求めてください。

本書に掲載した地図の作成に当たっては，国土地理院発行の数値地図（国土基本情報）電子国土基本図（地図情報），数値地図（国土基本情報）電子国土基本図（地名情報）及び数値地図（国土基本情報20万）を調整しました。